先秦學術概論

呂思勉 著

民國滬上初版書·復制版

先秦學術概論

呂思勉 著

上海三聯書店

书在版编目(CIP)数据
学术概论 / 吕思勉著. ——上海:上海三联书店,2014.3
国沪上初版书·复制版)
N 978-7-5426-4552-4
先… Ⅱ.①吕… Ⅲ.①先秦哲学—研究 Ⅳ.①B220.5
版本图书馆 CIP 数据核字(2014)第 027548 号

学术概论
者 / 吕思勉
编辑 / 陈启甸 王倩怡
设计 / 清风
划 / 赵炬
行 / 取映文化
整理 / 嘎拉 江岩 牵牛 莉娜
制 / 吴昊
校对 / 笑然
发行 / 上海三联书店
(201199)中国上海市闵行区都市路 4855 号 2 座 10 楼
址 / http://www.sjpc1932.com
电话 / 021-24175971
装订 / 常熟市人民印刷厂

次 / 2014 年 3 月第 1 版
次 / 2014 年 3 月第 1 次印刷
本 / 650×900 1/16
数 / 200 千字
张 / 11
号 / ISBN 978-7-5426-4552-4/B·332
价 / 65.00 元

民国沪上初版书·复制版

出版人的话

如今的沪上，也只有上海三联书店还会使人联想起民国时期的出版。因为那时活跃在沪上的新知书店、生活书店和读书出版社，后来结合成为的三联书店，始终是中国进步出版的代表。我们有责那时沪上的出版做些梳理，使曾经推动和影响了那个时代中国文化籍拂尘再现。出版“民国沪上初版书·复制版”，便是其中的实践。

民国的“初版书”或称“初版本”，体现了民国时期中国新文化的与前行的创作倾向，表现了出版者选题的与时俱进。

民国的某一时段出现了春秋战国以后的又一次百家争鸣的盛使得社会的各种思想、思潮、主义、主张、学科、学术等等得以充分地立说并传播。那时的许多初版书是中国现代学科和学术的开山之至今天仍是中国学科和学术发展的基本命题。重温那一时期的初对应现时相关的研究与探讨，真是会有许多联想和启示。再现初版意义在于温故而知新。

初版之后的重版、再版、修订版等等，尽管会使作品的内容及形于完善，但却不是原创的初始形态，再受到社会变动施加的某些影少会有别于最初的表达。这也是选定初版书的原因。

民国版的图书大多为纸皮书，精装（洋装）书不多，而且初版的不大，一般在两三千册之间，加之那时印制技术和纸张条件的局限，年过来，得以留存下来的有不少成为了善本甚或孤本，能保存完好的就更稀缺了。因而在编制这套书时，只能依据辗转找到的初版尽可能保持初版时的面貌。对于原书的破损和字迹不清之处，尽可加以技术修复，使之达到不影响阅读的效果。还需说明的是，复制出的效果，必然会受所用底本的情形所限，不易达到现今书籍制作的某水准。

民国时期初版的各种图书大约十余万种，并且以沪上最为集中。文的创作与出版是一个不断筛选、淘汰、积累的过程，我们将尽力使那时版的精品佳作得以重现。

我们将严格依照《著作权法》的规则，妥善处理出版的相关事务。

感谢上海图书馆和版本收藏者提供了珍贵的版本文献，使“民国沪初版书·复制版”得以与公众见面。

相信民国初版书的复制出版，不仅可以满足社会阅读与研究的需还可以使民国初版书的内容与形态得以更持久地留存。

2014 年 1 月 1 日

上海光華大學教授
呂思勉 著

中華民國二十二年十月出版

先秦學術概論

序

小時讀諸子遇墨辯暨莊列諸書所載辯者之說苦不能明又道家之學清虛以自守卑弱以自持蓋欲以鎮俗而剋敵與神仙家言主於貪生縱欲者了不相干而漢魏以降乃爲三張之徒所附會心竊惑焉思之不能通也近十餘年來治諸子學者稍多又得遠西名學以相印證墨辯向稱絕學者乃稍稍可讀然惠施鄧析桓團公孫龍之說終莫能通間有釋者非支離穿鑿則以今人之意見妄測古人而已至於神仙家之自託於道其事爲衆所共見其理則人莫能言者尤未聞有一說焉能愜心貴當以釋此千古之疑團也今歲夏讀同邑呂君誠之所著先秦學術概論於此二者乃覺怡然渙然斯誠內憂外患跼天蹐地之時一快事矣君天資極高而其刻苦劬學則困知勉行者所不逮其讀書恆能以精心炯眼創通大義而訂正事實研索訓詁或過於專門考據之家蓋兼弘通精覈二者而有之可謂難矣此書爲民國十四年君在上海滬江大學講學時所著二十二年主講光華大學又加修正其審諦貫串實有非近今著述所可同年而語者蓋論事必窮其原

近今治諸子書者多就諸子論諸子而已君獨推求西周以前極諸隆古淸廟辟雍合一之世謂有與神敎相滙之哲學實爲先秦諸子哲學之原又精研近世社會學家之說返求諸古書而知所謂大同小康者確有其時並審其如何遞降而爲亂世先秦諸子若者欲遐復大同之治若者則欲先致小康而道家歸眞返樸之談農家並耕而食饔飱而治之說向以爲放言高論者今乃知其確有至理初非徒託空言苟能循序漸進幷非高遠難行此則於羣治之理大有發明實足爲言改進者示之鵠豈徒於古說之湮晦者加以疏通證明而已此外平諸家論性之說言道德形名一貫之理辨析老莊之同異推考墨學之淵源謂楊朱爲我之說實卽道家養生之論漢志數術略形法家之說同符西哲唯物之談儒墨爲封建廢壞時所生階級孔墨特因以詩敎管子輕重諸篇亦爲農家之一派鄒衍五德終始之說無異於儒家之通三統無不奇而且確乍聞之而驚細思之則確不可易者附錄讀書札記數則下竟兩漢以究先秦學術之委枝分派別綱舉目張誠近世一奇作矣予交君餘三十年知君學頗深於其書之將刊行也樂道其善以諗當世之士好學深思者必不以爲阿私所好也民國二十二年六月武進陳協恭序

目次

上編 總論

下編 分論

上編 總論

第一章 先秦學術之重要

吾國學術，大略可分七期：先秦之世，諸子百家之學，一也。兩漢之儒學，二也。魏晉以後之玄學，三也。南北朝隋唐之佛學，四也。宋明之理學，五也。清代之漢學，六也。現今所謂新學，七也。七者之中，兩漢魏晉，不過承襲古人；佛學受諸印度；理學家雖闢佛，實於佛學入之甚深；清代漢學，考證之法甚精，而於主義無所創闢；（梁任公謂清代學術，爲方法運動，非主義運動，其說是也。見所撰清代學術概論。）最近新說，則又受諸歐美者也。歷代學術，純爲我所自創者，實止先秦之學耳。

然則我國民自漢以降，能力不逮古人邪？曰：不然。學術本天下公器。各國之民，因其處境之異，而所發明者各有不同，勢也。交通梗塞之世，彼此不能相資，此乃無可如何之事。既已互相灌輸，自可借資於人以爲用。

此非不能自創，乃不必自創也。譬之羅盤鍼，印刷術，火藥，歐人皆受之於我。今日一切機械，則我皆取之於彼。設使中歐交通，迄今閉塞，豈必彼於羅盤鍼，印刷術，火藥，不能發明；我於蒸汽電力等，亦終不能創造邪？學術之或取於人，或由自造，亦若是則已矣。

衆生所造業力皆轉相熏習，永不唐捐。故凡一種學術，既已深入人心，則閱時雖久，而其影響仍在。先秦諸子之學，非至晚周之世，乃突焉興起者也。其在前此，旁薄鬱積，蓄之者既已久矣。至此又遭遇時勢，乃如水焉，衆派爭流；如卉焉，奇花怒放耳。積之久，泄之烈者，其力必偉，而影響於人必深。我國民今日之思想，試默察之，蓋無不有先秦學術之成分，在其中者，其人或不自知，其不可誣也。不知本原者，必不能知支流。欲知後世之學術思想者，先秦諸子之學，固不容不究心矣。

第二章　先秦學術之淵源

凡事必合因緣二者而成。因如種子，緣如雨露；無種子，固無嘉穀；無雨露，雖有種子，嘉穀亦不能生也。先邃初之民，必篤於教。而宗教之程度，亦自有其高下之殊。初民視人之生死寤寐，以爲軀殼之外，必別有其精神存焉。又不知人與物之別，且不知生物與無生物之別也。以爲一切物皆有其精神如人；乃從而祈之，報之，厭之，逐之，是爲拜物之教。八蜡之祭，迎貓迎虎，且及於坊與水庸，（禮記郊特牲。）蓋其遺迹。此時代之思想，程度甚低，影響於學術者蓋少。惟其遺迹，迄今未能盡去；而其思想，亦或存於愚夫愚婦之心耳。

稍進，則爲崇拜祖先。蓋古代社會，摶結之範圍甚隘。生活所資，惟是一族之人，互相依賴。立身之道，以及智識技藝，亦惟恃族中長老，爲之牖啓。故與並世之人，關係多疏，而報本追遠之情轉切。一切豐功偉績，皆以傳諸本族先世之酋豪。而其人遂若介乎神與人之間。以情誼論，先世之酋豪，固應保佑我；以能力論，先世之酋豪，亦必能保佑我矣。凡氏族社會，必有其所崇拜之祖先，以此。我國民尊祖之念，及其崇古之情，其根荄實皆植於此時者也。

人類之初，僅能取天然之物以自養而已。（所謂蒐集及漁獵之世也，見第三章。）稍進，乃能從事於農牧。農牧之世，資生之物，咸出於地，而其豐歉，則懸系於天。故天文之智識，此時大形進步；而天象之崇拜，亦隨之而盛焉。自物魅進至於人鬼，更進而至於天神地祇，蓋宗教演進自然之序。而封建之世，自天子諸侯卿大夫士，至於庶民奴婢，各有等級，各有職司。於是本諸社會之等差，懸擬神靈之組織，而神亦判其尊卑，分其職守焉。我國宗教之演進，大略如此。

徒有崇拜之對象，而無理論以統馭之，解釋之，不足以言學問也。人者，理智之動物；初雖蒙昧，積久則漸進於開明。故宗教進步，而哲學乃隨之而起。哲學家之所論，在今日，可分爲兩大端：曰宇宙論，曰認識論。認識論必研求稍久，乃能發生。古人之所殫心，則皆今所謂宇宙論也。

宇果有際乎？宙果有初乎？此非人之所能知也。今之哲學家，於此，已置諸不論不議之列。然此非古人所知也。萬物生於宇宙之中，我亦萬物之一；明乎宇宙及萬物，則我之所以爲我者，自無不明；而我之所以處我者，亦自無不當矣。古人之殫心於宇宙論，蓋以此也。

大事不可知也，則本諸小事以爲推。此思想自然之途徑，亦古人所莫能外也。古之人，見人之生，必由男女之合；而鳥亦有雌雄，獸亦有牝牡也，則以爲天地之生萬物，亦若是則已矣。故曰：「天神申出萬物，地祇提是以堅古人陰陽二元之信念者也。顧時則有四，何以釋之？於是有「太極生兩儀，兩儀生四象」之說。易繫辭傳。日生於東而沒於西，氣燠於南而寒於北，於是以四時配四方。四方合中央而爲五；益之以上方則爲六；又益四隅於四正，則爲八方；合中央於八方，則成九宮。伏羲所畫八卦，初蓋以爲分主八方之神；其在中央者，則下行九宮之太乙也。後漢書張衡傳注引乾鑿度鄭注：「太乙者，北辰神名也。下行八卦之宮。每四乃還於中央。中央者，地神之所居，故謂之九宮。天數大分，以陽出，以陰入。陽起於子，陰起於午。是以太乙下行九宮，從坎宮始。自此而坤，而震，而巽，所行者半矣，還息於中央之宮。既又自此而乾，而兌，而艮，而離，行則周矣，上游，息於太一之星，而反紫宮也。」至於虞夏之間，乃又有所謂五行之說。五行見書洪範，乃箕子述夏法。五行者：一曰水，二曰火，三曰木，四曰金，五曰土。此蓋民用最切之物，禮記禮運：「用水，火，金，木，飲食，必時，」飲食卽指土，洪範所謂「土爰稼穡」也。宗教家乃按其性質而分布之於五方。思想幼稚之世，以爲凡事必皆有神焉以司之；而神亦皆有人格，於是有五帝六天之說。見禮記郊特牲正義。五帝者：東方青帝靈威仰，主春生。南方赤帝赤熛怒，主夏長。西方白帝白招拒，主秋成。北方黑帝汁光紀，主冬藏。而中央黃帝含樞紐，寄王四季，不名時。以四時化育皆須土也。昊天上帝耀魄寶，居於北辰，無所事事。蓋「卑者親事，」白虎通義五行篇。封建時代之思想則然；而以四時生育之功，悉歸諸天神，則又農牧時代之思想也。四序代謝，則五帝亦各司其功，功成者退。故有五德終始之說。見下編第九章。

上之事，悉由天神統治；爲天神之代表者，實惟人君；而古代家族思想甚重，以人擬天，乃有感生之說。(見詩生民疏引五經異義。)凡此，皆古代根於宗教之哲學也。

根據於宗教之哲學，雖亦自有其理，而其理究不甚圓也。思想益進，則合理之說益盛。雖非宗教所能封，而亦未敢顯與宗教立異；且宗教之說，儱侗而不確實，本無不可附合也；於是新說與舊說，遂幷合爲一。思想幼稚之世，其見一物，則以爲一物而已。稍進，乃知析物而求其質。於是有五行之說。此其思想，較以一物視一物者爲有進矣。然物質何以分此五類，無確實之根據也。又進，乃以一、切物悉爲一種原質所成，而名此原質曰氣。爲調和舊說起見，乃謂氣之凝集之疏密，爲五種物質之成因。說五行之次者，所謂「水最微爲一，火漸著爲二，木形實爲三，金體固爲四，土質大爲五」也。(洪範正義。)既以原質之疏密，解釋物之可見不可見，卽可以是解釋人之形體與精神。故曰：「體魄則降，知气在上；」(禮記禮運。知與哲通，哲晰實亦一字，故知有光明之義。)又曰：「衆生必死，死必歸土。骨肉斃於下，陰爲野土；其氣發揚於上爲昭明」也。(禮記祭義。)夫如是，則恆人所謂有無，祇是物之隱顯；而物之隱顯，祇是其原質之聚散而已。故曰：「精氣爲物，游魂爲變」也。(易繫辭傳。)既以是解釋萬物，亦可以是解釋開闢焉。周易正義八論引乾鑿度。列子天瑞篇略同。列子魏晉人所爲，蓋取諸易緯者也。

然則此所謂氣者，何以忽而凝集，忽而離散邪？此則非人所能知。人之所知者，止於其聚而散，散而聚，常動而不息而已。故說宇宙者窮於易；易與春秋，皆託始於元。參看下編第二章第二節。易卽變動不居之謂，元則人所假定爲動力之始者也。易曰：「易不可見，則乾坤或幾乎息矣。」繫辭傳。又曰：「大哉乾元，萬物資始，乃統天。」乾彖辭。蓋謂此也。老子曰：「有物混成，先天地生。寂兮寥兮，獨立而不改，周行而不殆，可以爲天下母。吾不知其名，字之曰道，强爲之名曰大。」亦指此動力言也。

人之思想，不能無所憑藉；有新事物至，必本諸舊有之思想，以求解釋之道，而謀處置之方，勢也。古代之宗教及哲學，爲晚周之世人人所同具之思想。對於一切事物之解釋及處置，必以是爲之基，審矣。此諸子之學，所以雖各引一端，而異中有同，仍有不離其宗者在也。昔在蘇州講學，嘗撰論讀子之法一篇，以示諸生。今節錄一段於下，以備參考。原文曰：古代哲學，最尊崇自然力。既尊崇自然力，則祇有隨順，不能抵抗。故道家最貴無爲。無爲非無所事事之謂，謂因任自然，不參私意云耳。然則道家所謂無爲，卽儒家「爲高必因邱陵，爲下必因川澤」之意；亦卽法家絕聖棄知，專任度數之意也。自然之力，無時或息。其在儒家，則因此而得自强不息之義。道家之莊列一派，則謂萬物相刃相靡，其行如馳，「一受其成形，不亡以待盡，」因此而得委心任運之義焉。自然力之運行，古人以爲如環無端，周而復始。其在道家，則因此而得禍福倚伏之義；故貴知白守黑，知雄守雌。其在儒家，則因此而得窮變通久之義，故致謹於治制之因革損益。其在法家，則因此而得「古今異俗，新故異備」之義，而商君等以之主張變法焉。萬物雖殊，然既爲同一原質所成，則其本自一。若干原質，凝集而成物，必有其所以然，是之謂命；自物言之則曰性。性命者物所受諸自然者也。自然力之運行，古人以爲本有秩序，不相衝突。人能常守此定律，則天下可以大治。故言治貴反諸性命之情。故有反本正本之義。儒家言盡性可以盡物，道家言善養生者可以託天下，理實由此。抑春秋之義，正次王，王次春，言王者欲有所爲，宜求其端於天；而法家言形名度數，皆原於道；亦由此也。萬物既出於一，則形色雖殊，原理不異。故老貴抱一，孔貴中庸。抑宇宙現象，既變動不居，則所謂眞理，祇有變之一字耳。執一端以爲中，將不轉瞬而已失其中矣。故貴抱一而戒執一，貴得中而戒執中；抱一守中，又卽貴虛貴無之旨也。然則一切現象，正惟相反，然後相成，故無是非善惡之可言，而物論可齊也。夫道家主因任自然，而法家主整齊畫一，似相反矣；然其整齊畫一，乃正欲使天下皆遵守自然之律，而絕去私意，則法家之旨，與道家不相背也。儒家貴仁，而法家賤之。然其言曰：「法之爲道，前苦而長利；仁之爲道，偷樂而後窮。」則其所攻者，乃姑息之愛，非儒家所謂仁也。儒家重文學，而法家列之五蠹。然其言曰：「糟糠不飽者，不務粱肉；短褐不完者，不待文繡，」則亦取救一時之急耳。秦有天下，遂行商君之政而不改，非法家本意也。則法家之與儒家，又不相背也。舉此數端，餘可類推。要之古代哲學之根本大義，仍貫通乎諸子之中。有時其言似相反者，則以其所論之事不同，史談所謂「所從言之者異」耳。故漢志譬諸水火，相滅亦相生也。

第三章　先秦學術興起時之時勢

今之談哲學者，多好以先秦學術，與歐洲印度古代之思想相比附。或又謂先秦諸子之學，皆切實際，重應用，與歐洲印度空談玄理者不同。二說孰是？曰：皆是也。人類思想發達之序，大致相同。歐洲印度古代之思想，誠有與先秦諸子極相似者。處事必根諸理，不明先秦諸子之哲學，其處事之法，亦終無由而明；而事以參題之語，誠較空談玄理者爲多，又衆所共見也。故不明先秦時代政治及社會之情形，亦斷不能明先秦諸子之學也。

先秦諸子之思想，有與後世異者。後世政治問題與社會問題分，先秦之世，則政治問題與社會問題合。蓋在後世：疆域廣大，人民衆多；一切問題，皆極複雜。國家設治之機關，既已疏闊；人民愚智之程度，又甚不齊；所謂治天下者，則與天下安而已。欲懸一至善之鵠，而悉力以赴之，必求造乎其極，而後可爲無憾，雖極弘毅之政治家，不敢作是想也。先秦諸子則不然。去小國寡民之世未遠，卽大國地兼數圻，亦不過今一兩省；而其菁華之地，猶不及此。秦之取巴蜀，雖有益於富厚，其政治恐尙僅羈縻。讀後漢書板楯蠻傳可見。楚之有湖南江西，則如中國今日之有蒙新海藏耳。而其民風之淳樸，又遠非後世之比。夫國小民寡，則情形易於周知，而定改革之方較易。風氣淳樸，則民皆聽從其上，國是既定，舉而措之不難。但患無臨朝願治之主，相助爲理之臣。苟其有之，而目的終不得達；且因此轉滋他弊，如後世王安石之所遭者，古人不患此也。職是故，先秦諸子之言治者，大抵欲舉社會而徹底改造之，使如吾意之所期。「治天下不如安天下，安天下不如與天下安」等思想，乃古人所無有也。

然則先秦諸子之所欲至者，果何等境界邪？孔慕大同，老稱郅治，似近子虛之論，烏託之邦。然諸子百家，抗懷皇古，多同以爲黃金世界，豈不謀而同辭誕謾耶？孔子之告子游曰：「大道之行也，與三代之英，丘未之逮也，而有志焉。」鄭注曰：「志，謂識，古文。」「謂識」一讀。此以識字詁志字；次乃更明其物，謂孔子所謂志者，乃指古文言之也。古文，猶言古書，東漢人語如此。此卽莊子「春秋經世先王之志」之志。孔子論小康，舉禹湯文武成王周公爲六君子，皆實有其人；其治迹，亦皆布在方策；其論大同之世，安得悉爲理想之談。然則孔慕大同，老稱郅治，以及許行論治，欲幷倉廩府庫而去之，殆皆有所根據，而後懸以爲鵠；不徒非誕謾之辭，幷非理想之談也。

孔老大同郅治之說，以及許行並耕而食之言，自今日觀之，似皆萬無可致之理。然在當日，則固不然。此非略知社會之變遷者不能明，請得而略陳之。蓋人類之初，制馭天然之力極弱。生活所須，則成羣結隊，到處尋覓；見可供食用之物，則拾取之而已矣。此爲社會學家所稱蒐集之世。稍進，乃能漁於水，獵於山。制馭天然之力稍強，而其生活猶極貧窘。必也進於農牧，乃無飢餓之憂。農牧之興，大抵視乎其地，草原之民，多事畜牧；

伏羲乃「下伏而化之」之意，明見尚書大傳。其事迹，則易繫辭傳明言其爲網罟而事畋漁，其爲漁獵時代之大酋，尤顯而易見。傳又言：「包犧氏沒，神農氏作，」吾族蓋於此時進於農耕。而黃帝，史記言其「遷徙往來無常處，以師兵爲營衛，」五帝本紀。似爲游牧之族。凡農耕之族，多好和平；游牧之羣，則樂戰伐。以此，阪泉涿鹿之師，炎族遂爲黃族所弱。史記五帝本紀，既言神農氏世衰，諸侯相侵伐，弗能征，又言炎帝欲侵陵諸侯，未免自相矛盾。頗疑史記此節，係采自兩書，兼存異說。蚩尤炎帝，即係一人；涿鹿阪泉，亦係一事。即謂不然，而蚩尤炎帝，同係姜姓，其爲同族，則無疑矣。農耕之民，性多重滯。老子言「郅治之極，鄰國相望，雞犬之聲相聞，民各甘其食，美其服，安其俗，樂其業，至老死不相往來，」史記貨殖列傳。蓋在此時。此等社會，大抵自給自足。祇有協力以對物，更無因物以相爭。故其內部極爲安和，對外亦能講信修睦。孔子所謂大同之世，亦指此時代言之也。黃帝之族，雖以武力擊而臣之。於其社會之組織，蓋未嘗加以改變，且能修而明之。所異者，多一征服之族，踞於其上，役人以自養；而其對外，亦不復能如前此之平和；又前此蕩蕩平平之倫理，一變而爲君臣上下，等級分明之倫理耳。所謂「大人世及以爲禮；城郭溝池以爲固；禮義以爲紀；以正君臣，以篤父子，以睦兄弟，以和夫婦；以賢勇知，以功爲己；故謀用是作，而兵由此起」者也。然社會之組織，尚未大變；列國之競爭，亦未至甚烈；在上者亦不十分淫虐，則其民固尙可小安。是則所謂小康之世也。其後治人者荒淫日甚；社會之組織，亦因交通之便利，貿易之興盛，而大起變化。於是前此良善之規制，蕩焉無存。變爲一無秩序，無公理，無制裁，人人競圖自利之世界，遂自小康降爲亂世矣。當此之時：老子，許行等，欲徑挽後世之頹波，而還諸皇古。孔子則欲先修小康之治，以期馴致於大同。如墨子者，則又殫心當務之急，欲且去目前之弊，而徐議其他。宗旨雖各不同，而於社會及政治，皆欲大加改革則無不同也。固非後世彌縫補苴，苟求一時之安者，所可同年而語矣。古今社會組織之異，體段旣大，頭緒甚繁。略言之則不能明；太詳，則本書爲篇幅所限，未免喧賓奪主。予別有大同釋義一書，論古代社會組織之變遷，可供參考。

第四章　先秦學術之源流及其派別

先秦諸子之學，大史公自序載其父談之說，分爲陰陽，儒，墨，名，法，道德六家。漢書藝文志益以縱橫，雜，農，小說，是爲諸子十家。其中去小說家，謂之九流。漢志曰：「諸子十家，其可觀者，九家而已。」後漢書張衡傳：上疏曰：「劉向父子，領校祕書，閱定九流。」注：「九流，謂儒家，道家，陰陽家，法家，名家，墨家，縱橫家，農家，雜家。」劉子九流篇所舉亦同。藝文志本於七略。七略始六藝，實卽儒家。所以別爲一略者，以是時儒學專別爲一略，蓋以校書者異其人。至方技，則一醫家之學耳。故論先秦學術，實可分爲陰陽，儒，墨，名，法，道德，縱橫，雜，農，小說，兵，醫十二家也。先秦學術派別，散見古書中者尙多。其言之較詳者，則莊子之天下篇，荀子之非十二子篇是也。近人或據此等，以疑史漢之說，似非。案天下篇所列舉者，凡得六派：（一）墨翟禽滑釐，（二）宋鈃尹文，（三）彭蒙田駢愼到，（四）關尹老聃，（五）莊周，（六）惠施桓團公孫龍是也。非十二子篇，亦分六派：（一）它囂魏牟，（二）陳仲史鰌，（三）墨翟宋鈃（四）愼到田駢，（五）惠施鄧析，（六）子思孟軻是也。同一墨翟宋鈃也，荀子合爲一派，莊子析爲兩派，果何所折衷邪？儒墨並爲當時顯學，荀子僅舉思孟，已非其朔；韓詩外傳載此文，則止十子，并無思孟；天下篇亦不及儒，能無遺漏之譏邪？蓋此等或就一時議論所及，或則但舉當時著名人物言之，初非通觀前後，綜論學派之說也。

諸家之學，漢志謂皆出王官；淮南要略，則以爲起於救時之弊，蓋一言其因，一言其緣也。近人胡適之，著諸子不出王官論，力詆漢志之誣。殊不知先秦諸子之學，極爲精深；果其起自東周，數百年間，何能發達至此？且諸子書之思想文義，皆顯分古近，決非一時間物，夫固開卷可見也。章太炎謂「九流皆出王官，及其發舒，王官所弗能與；官人守要，而九流究宣其義，」其說實最持平。荀子云：「父子相傳，以持王公，三代雖亡，治法猶存，官人百吏之所以取祿秩也。」榮辱。儒家通三統之說，所以欲封二王之後以大國，以此。參看下編第二章第二節。觀此，可知胡君謂古代王官，定無學術可言之誤。胡君又謂諸子之學，果與王官並世，亦必不爲所容。而爲所焚阬。引歐洲中世教會，焚殺哲人，禁毀科學哲學之書爲證。不知中西史事，異者多矣。歐洲中世教會之昏暴，安見我國古代，必與相符。況歐洲摧殘異學者爲教會，班志所稱爲王官，其事渺不相涉邪？古代明堂辟雍，合居一處。所謂大學，實爲宗敎之府。讀下篇附錄一可見。故以古代學校，擬歐洲中世之敎會，猶有相似之處，若他官則渺不相涉矣。然古代學校，固亦無焚殺哲人，禁毀異學之事。史事非刻板者，雖大致可相印證，固不能事事相符也。此卽所謂守要。究宜其義者？遭直世變。本其所學，以求其病原，擬立方劑。見聞旣較前人爲恢廓，心思自較前人爲發皇。故其所據之原理雖同，而其旁通發揮，則非前人所能望見也。此猶今日言社會主義者，盛極一時。謂其原於歐洲之聖西門馬克思，固可；謂由中國今日，機械之用益弘，勞資之分稍顯，國人因而注意及此，亦無不可也。由前則漢志之說，由後則淮南之說也。不惟本不相背，亦且相得益彰矣。

抑諸子之學，所以必出於王官者，尙有其一因焉。古代社會，等級森嚴。平民胼手胝足，以給公上，謀口實之不暇，安有餘閒，從事學問？卽有天才特出者，不假傳授，自有發明。然旣乏師友之切磋，復鮮舊聞爲憑藉；穴隙之明，所得亦僅，安足語於學術？卽謂足廁學術之林而無愧，然伏處隴畝之中，莫或爲之傳播；一再傳後，流風餘韻，亦漸卽銷沈矣。古小說家言，出於平民，平民之所成就者，蓋止於是。參看下編第十一章。貴族則四體不勤，行有餘力。身居當路，經驗饒多。父祖相傳，守之以世。子產有言：「其用物也弘矣！其取精也多矣！」其所發明，非僅恃一時一人之思慮者所能逮，固無足怪。春秋以降，弒君三十六，亡國五十二，諸侯奔走，不得保其社稷者，不可勝數。鄉之父子相傳，以持能從事於學問者亦日多，而諸子百家，遂如雲蒸霞蔚矣。孔子弟子三千，身通六藝者七十有二。孟子後車數十乘，從者數百人。楊朱墨翟之言，亦盈天下。教育學術，皆自官守移於私家。世運之遷流，雖有大力，莫之能逆。秦皇乃燔詩書，禁私學；令民欲學法令，以吏爲師；欲盡復西周以前，政教合一之舊，無怪其卒不能行也。

漢志謂九流之學，「各引一端，崇其所善，譬猶水火，相滅亦相生也。」此說最通。學術思想，恆由渾而之畫。古代哲學，儱侗而不分家，蓋由研究尚未精密之故。東周以降，社會情形，日益複雜；人類之思想，遂隨之而日益發皇。各方面皆有研究之人，其所發明，自非前人所能逮矣。然崇其所善，遂忘他方面之重要，則亦有弊。而苟非高瞻遠矚之士，往往不免囿於一偏，諸子之學，後來所以互相攻擊者以此。此殆不甚弘通之士爲之；始創一說之大師，或不如是。何者？智足創立一學，自能知其學之所安立。既自知其學之所安立，則亦知他家之學所安立。各有其安立之處所，自各有其所適用之範圍。正猶夏葛冬裘，渴飲飢食，事雖殊而理則一，當相爲用，不當互相排也。莊子天下篇曰：「古之人其備乎？明於本數，係於末度；六通四闢，大小精粗，其運無乎不在。天下大亂，賢聖不明，道德不一，天下多得一察，（句絕）焉以自好。譬如耳目鼻口，皆有所明，不能相通。不該不徧，一曲之士也。是故內聖外王之道，闇而不明，鬱而不發。天下之人，各爲其所欲，。句絕焉以自爲方。」悲夫！百家往而不反，必不合矣。即慨歎於諸子百家之各有所明，而亦各有所蔽也。學問之事，其當分工合力，一與他事同。惟分之而致其精，乃能合之而見其大。古代學術，正在分道揚鑣之時，其不能不有所蔽，勢也。後世則諸說並陳，正可交相爲用。乃或猶不免自安於一曲，甚至於入主而出奴，則殊非學問之士所宜出矣。參看下篇第十二章。

第五章　研究先秦諸子之法

先秦諸子之學，近數十年來，研究者大盛。蓋以民氣發舒，統於一尊之見漸破；而瀛海大通，遠西學術輸入，諸子之書，又多足互相印證也。諸子之書，皆去今久遠，非經校勘注釋不能明。昔時留意於此者少。清代考證學盛，始焉借子以證經，繼乃離經而治子。校勘訓釋，日益明備。自得西學相印證，義理之煥然復明者尤多。如墨子之經經說大小取諸篇，昔幾無人能讀，今則可解者十七八，即由得歐西論理之學，以相參證也。治此學於今日，蓋遠非昔時之比矣。然今治諸子之學者，亦有所蔽，不可不知。予昔有論讀子之法一篇，今特節錄其文如左。

又言及毛嬙西施；立政篇闢寢兵兼愛之言，爲難墨家之論是也。（二）則就文字立論。如梁任公以老子中有偏將軍上將軍之名，謂爲戰國人語；又或以文字體製之古近，而辨其書之眞僞是也。予謂二法皆有可采，而亦皆不可專恃。何則？予爲一家之學，與集爲一人之書者不同。故讀子者，不能以其忽作春秋時人語，忽爲戰國人之言，而疑其書之出於僞造；猶之讀集者，不能以其忽祖儒家之言，忽述墨家之論，而疑其文非出於一人。先秦諸子，大抵不自著書。今其書之存者，大抵治其學者所爲，而其纂輯，則更出於後之人。亡佚既多，輯其書者，又未必通其學。不過見講此類學術之書，共有若干，即合而編之，而取此種學派中最有名之人，題之曰某子云耳。然則某子之標題，本不過表明學派之詞，不謂書即其人所著。與集部書之標題爲某某集者，大不相同。書中記及其人身後之事，及其文詞之古近錯出，固不足怪。至於諸子書所記事實，多有訛誤，此似誠有可疑。然古人學術，多由口耳相傳，無有書籍，本易譌誤；而其傳之也，又重其義而輕其事。如胡適之所摘莊子見魯哀公，自爲必無之事。然古人傳此，則但取其足以明義；往見者果爲莊子與否，所見者果爲魯哀公與否，皆在所不問；豈惟不問，蓋有因往見及所見之人，不如莊子及魯哀公之著名，而易爲莊子與魯哀公者矣。

然此尚實有其事。至如孔子見盜跖等，則可斷定并其事而無之；不過作者胸中，有此一段議論，乃託之孔子盜跖耳。此則所謂寓言也。此等處，若據之以談史實，自易謬誤。然在當時，固人人知爲寓言。故諸子書中所記事實，乖繆者十有七八，而後人於其書，仍皆信而傳之。胡適之概斷爲當時之人，爲求利而僞造，又譏購求者之不能別白，亦未必然也。說事如此，行文亦然。今所傳五千言，設使果出老子，則其書中偏將軍上將軍，或本作春秋以前官名，而傳者乃以戰國時之名易之，此如今譯書者，於書中外國名物，易之以中國名物耳，雖不免失眞，固與僞造有別也。又古人之傳一書，有但傳其意者，有兼傳其詞者。兼傳其詞者，則其學本有口訣可誦；師以是傳之徒，徒又以是傳之其徒，如今瞽人業算命者，以命理之書，口授其徒然。此等可傳之千百年，詞句仍無大變。但傳其意者，則如今敎師之講授，聽者但求明其意卽止，迨其傳之其徒，則出以自己之言。如是三四傳後，其說雖古，其詞則新矣。故文字氣體之古近，亦不能以別其書之古近也，而況於判其眞僞乎？明於此，則知諸子之年代事迹，雖可知其大略，而亦不容鑿求；若更據諸子中之記事，以談古史，則尤易致誤矣。諸子中之記事，十之七八爲寓言；卽或實有其事，人名地名及年代等，亦多不可據；彼其意，固亦當作寓言用也。

作標題之人而已。

以上皆論讀子之法原文。此外尙有一事宜知者，曰：「先秦之學純，而後世之學駁。凡先秦之學，皆後世所謂專門；此謂專守一家之說，與今所謂專治一科之學者異義。而後世所謂通學，則先秦無之也。」此何以故？曰：凡學皆各有所明，故亦各有其用。因人之性質而有所偏主，固勢不能無。即入主出奴，亦事所恆有。然此必深奧難明之理，介於兩可之間者爲然。若他家之學，明明適用於某時某地，證據確鑿者，則即門戶之見極深之士，亦不能作一筆抹殺之談。此羣言淆亂，所以雖爭不能免，而是非卒亦未嘗無準也。惟此亦必各種學問，並行於世者已久；治學之士，於各種學問，皆能有所見聞而後可。若學問尙未廣布；欲從事於學者，非事一師，即無由得之；而所謂師者，大抵專主一家之說，則爲之弟子者，自亦趨於姝暖矣。先秦之世，學術蓋尙未廣布？故治學者，大抵專主一家墨守之風既成，則即有兼治數家者，亦必取其一而棄其餘。墨子學於孔子而不說，遂明目張膽而非儒；陳相見許行而大說，則盡棄其所受諸陳良之學，皆是物也。此雜家所以僅兼采衆說，而遂足自成爲一家也。以當時諸家皆不能兼采也。若在後世，則雜家徧天下矣。

職是故，治先秦之學者，可分家而不可分人。何則？先秦諸子，大抵不自著書；凡所纂輯，率皆出於後之人。張孟劬嘗以佛家之結集譬之。欲從其書中，搜尋某一人所獨有之說，幾於無從措手；而一家之學，則其言大抵從同。故欲分別其說屬於某人甚難，而欲分別其說屬於某家則甚易。此在漢世，經師之謹守家法者尚然。淸代諸儒，搜輯已軼之經說，大抵恃此也。試讀陳氏父子之三家詩遺說考，今文尚書經說考，即可見之。故治先秦之學者，無從分人，而亦不必分人。茲編分論，均以家爲主。一書所述，有兼及兩家者，即分隸兩家之下，如墨子中論名學者，即歸入名家之中。諸子事迹，但述其可信者；轉於其書之源流眞僞，詳加考證焉，亦事所宜然也。

下編 分論

第一章 道家

第一節 總論

道家之學，漢志云：「出於史官。歷記成敗存亡禍福古今之理，然後知秉要執本，淸虛以自守，卑弱以自持，此君人南面之術也。」「淸虛以自守，卑弱以自持，」實爲道家最要之義。禮記學記曰：「君子如欲化民成俗，其必由學乎？」又曰：「古之王者，建國君民，敎學爲先。」其所言者，爲君人南面之學可知。而其下文云：「學無當於五官，五官弗得不治。」又曰：「君子以大德不官，大道不器。」此卽淸虛以自守之注脚。世惟不名一長者，乃能兼采衆長；亦惟不膠一事者，乃能處理衆事。故欲求用人，必先無我。司馬談稱道家之善曰：「因陰陽之大順，采儒墨之善，最名法之要。」「與時遷移，因物變化。」又曰：「其術以虛無爲體，因循爲用。無成勢，無常形，故能究萬物之情。不爲物先，不爲物後，故能爲萬物主。有法無法，因事爲業。有度無度，因物與合。故曰：「聖人不朽，時變是守。」蓋謂此也。至於卑弱以自持，則因古人認宇宙之動力爲循環之故。老子曰：「有物混成，先天地生。寂兮寥兮，獨立而不改，周行而不殆，可以爲天下母。吾不知其名，字之曰道。強爲之名曰大。大曰逝，逝曰遠，遠曰反。」此言宇宙之本，惟是動力，而其動之方向爲循環也。惟自然力之方向爲循環，故凡事無不走回頭路者，而盛強絕不足恃。故曰：「反者道之動；」又曰：「夫物芸芸，各歸其根；」又曰：「萬物並作，吾以觀其復」也。夫如是，故有禍福倚伏之義。故貴知白守黑，知雄守雌。此蓋觀衆事而得其會通，而知柔弱者可以久存，剛強者終必挫折，遂乃立爲公例。所謂歷記成敗存亡禍福者也。內「清虛以自守，」外「卑弱以自持，」「君人南面之術，」蓋於此矣。此漢志所謂「秉要執本」者也。

史記老子韓非列傳云：「老子，周守藏室之史也。」索隱云：「藏室史，乃周藏書室之史也。又張湯傳：老子爲柱下史，即藏室之柱下，因以爲官名。」又張丞相列傳：「秦時爲御史，主柱下方書。」集解：「如淳曰：方，版也。謂書事在版上者也。秦以上置柱下史，蒼爲御史，主其事。」索隱：「周秦皆有柱下史，謂御史也。所掌及丞之職。然此語殊難定。史記蕭相國世家云：「沛公至咸陽，諸將皆爭走金帛財物之府分之，何獨先收秦丞相御史律令圖書藏之。漢王所以具知天下阨塞，戶口多少強弱之處，民所疾苦者，以何具得秦圖書也。」此圖書，卽漢表所謂圖籍，指地圖戶籍言。蓋何之所收止是，其所謂祕書者，則委而去之矣。然漢志所謂歷記成敗存亡禍福古今之理者，實當在祕書之中也。竊疑藏室所藏，正是此物。所謂道德五千言者，實藏室中之故書，而老子著之竹帛者耳。（參看下節。）今姑弗論此，而道家出於史官之說，則信而有徵矣。丞相掌丞天子，理萬機，而御史大夫掌副丞相，皆總攬全局，與他官之專司一事者不同。其能明於君人南面之術，固其所也。

職是故，道家之學，實爲諸家之綱領。諸家皆專明一節之用，道家則總攬其全。諸家皆其用，而道家則其體。漢志抑之儒家之下，非也。今分論諸家，以道家爲首。

第二節　老子

道家之書，傳於今者，以老子爲最古。漢志所著錄者，有黃帝四經，黃帝銘，黃帝君臣，雜黃帝，力牧，（黃帝相。）伊尹，辛甲，紂臣。周訓，大公，鬻子，皆在老子前。然多出於依託。今列子天瑞篇引黃帝書二條，黃帝之言一條，力命篇亦引黃帝書一條。天瑞篇所引，有一條與老子書同；餘亦極相類。今老子書辭義甚古；全書皆三四言韻語；間有散句，蓋後人所加；與東周時代之散文，截然不同。一也。書中無男女字，但稱牝牡，足見其時之言語，尚多與後世殊科。二也。又全書之義，女權皆優於男權，俱足徵其時代之早。吾謂此書實相傳古籍，而老子特著之竹帛，或不誣邪？其書出於誰某不可知，亦不必成於一人。然必託諸黃帝，故漢時言學術者，恆以黃老並稱也。黃老之學，後來爲神仙家所附會，乃有疑黃非黃帝，老非老子者，非也。參看附錄三白明。論衡自然篇：「黃者黃帝也，老者老子也，」此漢世所謂黃老者，即黃帝老子之確證。史記云：「老子，楚苦縣厲鄉曲仁里人也。」漢苦縣，今河南鹿邑縣。地本屬陳，陳亡乃入楚，或以史記楚人之言，遂斷老子爲南方之學，與孔子北方之學相對，則大非。此說始於日本人，梁任公論中國學術思想變遷之大勢引之。襲其說者頗多。柳翼謀已辨之矣。姑無論苦縣本非楚地；即謂老子爲楚人，而其所學，爲託諸黃帝之學，其必爲北方之學可知。史記云：「老子居周，久之，見周之衰，乃遂去。至關，關令尹喜曰：子將隱矣，強爲我著書。於是老子乃著書上下篇，言道德之意，五千餘言。而去，莫知其所終。」此關或以爲函關，或以爲散關，難定；要未必南行之關。即謂爲南行之關，或以令尹爲楚官名，有此推測。然古人著書，多以後世語道古事；亦多以作者所操之語易本名。此等處，皆難作誠證也。而老子學成而後南行，亦與其所著之書無涉也。孔子曰：「寬柔以教，不報無老子行事，不甚可考，惟孔子問禮於老子，古書多載之。禮記曾子問，載老聃之言數條，皆涉禮事，足爲孔子問禮之一證。或以老子書上道德而賤仁義，尤薄禮，因疑此老聃與作五千言者非一人，亦非。知禮乃其學識，薄禮是其宗旨，二者各不相干。猶明於法律者，不必主任法爲治；且可尊禮治而薄法治也。不然，古書載此事，何不曰問道，而皆曰問禮邪？史記云：「莫知其所終，」而莊子養生主篇，明載老聃之死。或老子事迹，史公有不備知；或莊子書爲寓言，難定。要史記之意，必非如後世神仙家之所附會，則可斷也。下文又云：「或曰：老萊子，亦楚人也。著書十五篇，言道家之用，與孔子同時云：蓋老子百有六十餘歲，或言二百餘歲。以其修道而養壽也。自孔子死之後，百二十九年，而史記周太史儋見秦獻公，曰：始秦與周合而離，離五百歲復合，合七十歲而霸王者出焉。或曰：儋卽老子，或曰：非也。世莫知其然否。」此百餘言乃後人記識之語，溷入本文者。他不必論，「世莫知其然否」六字，卽一望而知其非西漢人文義矣。古書爲魏晉後信道教者竄亂，亦頗多。史記自序，載其父談論六家要指，末曰：「凡人所生者神也，所託者形也。神大用則竭，形大勞則敝，形神離則死。死者不可復生，離者不可復反，故聖人重之。由是觀之：神者，生之本也；形者，生之具也；不先定其神，而曰：我有以治天下，何由哉？」與上文全不相涉，亦信神仙者記識之語，溷入本文者也。

史記云：老子著書五千餘言，與今書字數，大略相合。此書古代卽多引用闡發之者，其辭句皆略與今本同，近人楊樹達，輯老子古義一書，極可看。可知今書必多存舊面目。故老子之行事，可徵者甚鮮，而其書則甚可信也。

老子之宇宙觀，與自古相傳之說同。以宇宙之根原，爲一種動力。故曰：「谷神不死，是謂玄牝。玄牝之門，是謂天地根。緜緜若存，用之不勤。」谷者，空虛之義。神卽指動力言之。不死，猶言不息。玄者，深遠之義。牝者，物之所由生。言幽深玄遠之境，實爲天地之所自出也。其力不息，而人不能覺，故曰：「緜緜若存，用之不勤。」又曰：「道可道，非常道。名可名，非常名。無名天地之始，有名萬物之母。故常無欲以觀其妙，常有欲以觀其徼。此兩者同出而異名。同謂之玄。玄之又玄，衆妙之門。」常同尙，古假爲上字。名之爲物，因形而立。管子心術：「以其形，因爲之名。」又曰：「凡物載名而來，聖人因而裁之。」宇宙開闢，物各有其特異之形，乃可錫以特異之名。若其初，則惟是一氣而已。氣無異形，則亦無異名。故曰：「名可名，非上名。」「無名天地之始，有名萬物之母」也。物之生皆依於道。如天地之生萬物，人之生子是。然此已非其朔。語其朔，則必未有天地之時，生天地之道，乃足以當之，故曰：「道可道，非上道」也。欲爲谷之借字，爲空隙之義。下文云：「常無欲可名於小。」言最初惟有構成萬物之原質，而無萬物；此構成萬物之原質，卽最小之分子，更不可分，故無空隙。無空隙，則可名之曰小矣。於曰同字。「常無欲以觀其。無形，構成天地萬物之原質。同出一境，此境則謂之玄。言極幽深玄遠。此幽深玄遠之境，實爲構造天地萬物之微細之原質所自出，故曰「衆妙之門」也。說皆古代哲學通常之義，本亦無甚難解。特其辭義甚古；後世神仙之家，皆自託於老子，又利其然而肆行附會，遂至如塗塗附耳。今故不避其繁而詳釋之。

老子推原宇宙，極於一種不可知之動力；又認此動力之方向爲循環；因之得禍福倚伏，知雄守雌之義，已見前節。此爲道家通常之義，無俟縷陳。至其社會及政治思想，則湮晦數千年，有不得不亟爲闡發者。

老子之所慨想者，亦爲農業共產之小社會。與孔子所謂大同者，正係同物。所謂「小國寡民。使有什百之器而不用。使民重死而不遠徙。雖有舟輿，無所乘之；雖有甲兵，無所陳之。使民復結繩而用之」也。夫日食大牢者，不可使之復茹其粟。今乃欲使已經進化之社會，逆行而復返於榛狉之境，此論者所以疑道家之說爲不可行也。而不知此殊非道家之意。蓋物質文明之進步，與社會組織之複雜，純係兩事；其間並無因果關係。不幸此世界上，現存而昌盛之社會，此兩者之進行，偶爾相偕。其有不然者，則其社會或已覆亡，或尙滯於野蠻之境。世遂謂兩者必相平行。其實物質文明之進步，乃人類知識之進步，有以致之。與其社會組織之墮落，了無干涉。向使人類社會，永無階級之分，一守其大同之世「不獨親其親，不獨子其子；貨惡其棄於地，不必藏於己；力惡其不出於身，不必爲己」之舊，其知識亦未必不進步；知識進步，其制馭天然之力，亦未有不隨之而進步者。且社會組織安和，則無阻礙進步，及毀壞已成之功之事；其進步必更一日千里，遠勝於今。雖事無可徵，而理實可信。彼謂學問技術之進步，皆以人類自利之心爲之基，實爲最繆之語。近世進步之速，乃由有已發明之科學爲之基。科學肇興之始，果愛好眞理爲之乎？抑亦有如今日，懸賞以獎厲發明者致之也？且人類之有發明，數十萬年矣；私產制度之行，則數千年耳。古人之所發明，雖視今日爲拙；其進步，雖較近世爲遲；然其性質則無以異。私產未興之世，又有何私利以鼓動之邪？故知此等，全係習於社會之病態，而忘其健康時之情形之說也。知此，乃可以讀道家之書。

道家之所攻擊者，全在社會組織之不合理，而不在物質之進步。然其言一若攻擊物質文明者，則以物質之進步，與社會之墮落平行。物質實在不合理之社會中進化。凡所創造，皆以供少數人之淫侈，讀淮南子本經訓可見。社會雖因物質之進步而蒙福，亦因淫侈之增加而受禍，故大聲疾呼而攻擊之。設使物質之進步，皆以供大以利民之物，供我之用，吾敢決全國無一人排斥之也。今者欲閉關絕市，盡去守舊之徒之所謂奇技淫巧者，誠不可得。然謂現在之文明，必與帝國主義相附；現代之文明不毀滅，卽帝國主義終不可去，有是理乎？細讀道家之書，自見其所攻擊者，皆爲社會之病態，無一語及於物質文明；欲毀壞之，而使社會復返於榛狉之境者。孟子曰：「說詩者，不以文害詞，不以詞害意；以意逆志，是爲得之。」豈惟說詩，讀一切古書，皆當如是矣。

古代民權不發達，一國之事，恆操於少數貴族之手。此少數貴族，則惟務剝民以自利，以遂其淫侈之欲。甚至爭城爭地；或眩惑於珠玉重器，糜爛其民而戰之。民固深被其殃，彼亦未嘗不還受其禍。古代之亡國敗家，由此者蓋不少也。(詳見拙撰大同釋義第五篇。)故老子深戒之，曰：「五色令人目盲；五音令人耳聾；五味令人口爽；馳騁田獵，令人心發狂；難得之貨令人行妨。」又曰：「甚愛者必大費，多藏者必厚亡。」又曰：「以道佐人主者，不以兵強天下。世事好還。師之所處，荊棘生焉。大兵之後，必有凶年。」又曰：「夫佳(同惟)兵者，不祥之器，物或惡之，故有道者不處。」

古所謂大同郅治之世，其民初無階級之分。故其利害不相衝突。利害不相衝突，則無相賊害之事。人既不相賊害，自不必有治之之法律，幷不必有敎之之訓條矣。道德（此非老子書所謂道德，乃今日通常所用之道德字也。）法律，其爲物雖殊，其爲旣有惡之後，乃敎人去之，而使之從事於所謂善，則一也。然則旣有道德法律，其社會卽非純善之社會矣。故曰：「天下皆知美之爲美，斯惡矣。皆知善之爲善，斯不善矣。」又曰：「失道而後德，失德而後仁，失仁而後義，失義而後禮。夫禮者，忠信之薄而亂之首。」又曰：「大道廢，有仁義；慧知出，有大僞；六親不和有孝慈；國家昏亂有忠臣」也。隨社會之變亂，而日出其法以治之，此猶治病者日事對證療法，而不爲根本之圖。治法愈繁，其去健康愈遠。則何如盡棄現在之法，而別爲治本之計乎？故曰：「絕聖棄知，民利百倍。絕仁棄義，民復孝慈。絕巧棄利，盜賊無有。」此所謂聖知者，非明於事理之聖知，乃隨社會病態之變幻，而日出其對證療法以治之之聖知。然則所謂孝慈者，亦非眞父子相愛之孝慈，乃父子相夷，而禁之使不得然之孝慈；所謂巧者，非供民用之械器；所謂利者，非厚民生之物品；乃專供少數人淫侈之物，使民豔之而不能得，而因以引起其爭奪之心者耳。老子又曰：「民之饑，以其上食稅之多；（言有奢侈者，則使人相形之下，自覺其貧乏。）民之難治，以其上之有爲；（言以權力伏人，卽不啻敎人知有權力，而其人亦將用權力以相抗。）民之輕死，以其奉生之厚，」（言輕死者，皆因迫於貧乏，而其自覺貧乏，正因其生活程度之高。）謂此也。所謂絕聖棄知，自天下將自定。」此語看似迂闊。然設使今日之豪富，能盡革其淫侈之習；有權力者，能盡棄其權力而一與凡民同。民果尙有欲乎？民皆無欲，天下尙有不定者乎？此義誠非旦夕可行，然語夫治之至，則舍此固莫屬也。

人心之險惡，旣因社會組織之墮落而然，非因物質文明之進步而至，則知老子所謂「古之善爲道者，非以明民，將以愚之，」絕不足怪。何則？人對於天然之知識，及其克服天然之能力，雖日有增加，斷不至因此而相欺相賊。至於詐愚之智，侵怯之勇，則本乃社會之病態；此猶病者之神經過敏，本須使之鎭靜，乃能復於康健也。故謂道家欲毀棄物質文明，或謂道家欲閉塞人民之知識，皆全失道家之意者也。

第三節　莊子

莊子之學，與老子相似而實不同。天下篇曰：「芴漠無形，變化無常。死與生與？天地並與？神明往與？芒乎何之？忽乎何適？萬物畢羅，莫足以歸。古之道術，有在於是者，莊周聞其風而悅之。」此數語，最能道出莊子學術眞相。莊子之意：以爲天地萬物，皆一氣變化所成；其變化人無從豫知之；故同在宇宙之中者，彼此亦不能物論：「齧缺問於王倪曰：子知物之所同是乎？曰：吾惡乎知之？曰：子知子之所不知邪？曰：吾惡乎知之？然則物無知邪？曰：吾惡乎知之？」卽此理。

不惟彼此不能相知也，卽己亦不能自知。以人之情緣境而異，而其所處之境，無從豫知也。齊物論曰：「麗之姬，晉國之始得之也，涕泣沾襟。及其至於王所，與王同筐牀，食芻豢，而後悔其始之泣也。」此與「夢飮酒者旦而哭泣，夢哭泣者旦而田獵」何異？「方其夢也，不知其夢也，夢之中又占其夢焉，覺而後知其夢也。且有大覺，而後知此其大夢也。」故曰：「予惡乎知溺生之非惑？惡乎知惡死之非弱（溺同）喪而不知歸」者邪？

人之有知，惟恃感覺，而感覺實不足恃，此世界之所以終不可知也。天道篇曰：「視而可見者，形與色也，聽而可聞者，名與聲也。悲夫！世人以形色名聲爲足以得彼之情！夫形色名聲，果不足以得彼之情，則知者不言，言者不知，而世豈識之？」謂此也。

卽謂形色名聲，爲可以得物之情，亦惟能得其形迹，而合諸物而成之共相，不可知也。則陽篇曰：「少知私，故無名。」理者分形，道者共相，合馬之百體，人能知爲馬，合殊理之萬物，人不能知爲道，以其一有形，一無形；一體小而系於前，一則不能徧察也。

然則人之所謂知者，皆強執一見而自以爲是耳，所謂「隨其成心而師之」也。若去此成心，則已空洞無物。故曰：「未成乎心而有是非，猶今日適越而昔至，」言其無是理也。名家之「今日適越而昔來，」別是一理，見後。此則隨俗爲解，以爲必無之義，蓋此本成語；名家反其意以顯名理，莊生則隨俗用之也。

是非既不可知，故辯論之勝負，全與是非無涉。齊物論曰：「使我與若辯，若勝我，我不若勝，若果是也？我果非也邪？我勝若，若不我勝，我果是也？而果非也邪？使同乎若者正之，既與若同矣，惡能正之？使同乎我者正之，既同乎我矣，惡能正之？使異乎我與若者正之，既異乎我與若矣，惡能正之？使同乎我與若者正之，既同乎我與若矣，惡能正之？」蓋世既無一人能眞知他人，自無一人能判定他人之是非者，顧執一己之是非，而欲強天下以從我，無怪其徒滋紛擾也。然執一己之是非，以爲天下之公是非不可，而在一定標準之下，而曰：我之是非如是，則固無不可。所謂「彼亦一是非，此亦一是非」也。故曰：「以道觀之，物無貴賤；以物觀之，自貴而相賤；以俗觀之，貴賤不在己。」秋水。

天下既無是非矣，復事學問何爲？曰：不然，攙邪所以顯正；莊生之齊是非，正以執一己之是非，以爲天下之公是非者，詒害甚烈，故欲辟而闢之耳。知一己之是非，不可以爲天下之公是非，則能隨順萬物，使萬物各得其所；而己之所以自處者，亦得其道矣。秋水篇：北海若語河伯以齊是非之旨。河伯詰之曰：「然則何貴於道。」北海若曰：「知道者必達於理，達於理者必明於權，明於權者不以物害己。」「知道者必達於理，」謂明於原理，則能知事物之眞相。「達於理者必明於權，」言能知事物之眞相，則能知其處置之方也。解牛者「依乎天理，因其固然；」養生主。養虎者「時其飢飽，」「達其怒心，」人間世。正是此旨。則陽篇：「長梧封人謂子牢曰：君爲政焉勿鹵莽，治民焉勿滅裂。昔予爲禾，耕而鹵莽之，則其實亦鹵莽而報予；芸而滅裂之，則其實亦滅裂而報予。」強執一己之是非，而施諸天下，終必召鹵莽滅裂之報，正由其不知道，不明理，故不達權，以至於是也。

此皆莊周之治術也。至其自處之方，則在於順時而安命。蓋自然之力甚大，吾固無從與之抗；不能與抗，皆極言自然力之不可抗也。自然力既不可抗，則惟有委心任運，聽其所之。故曰：「達生之情者，不務生之所無以爲；達命之情者，不務知之所無奈何。」夫一切聽其自然，似不足避禍而得福者。然所謂禍福者，本非身外實有此境，乃吾心自以爲福，以爲禍耳。庚桑楚篇所謂：「寇莫大於陰陽，非陰陽賊之，心使之也。」以苟泯乎禍福之見，則禍已不待去而去，禍去卽得福矣。故「安時而處順，哀樂不能入」，爲莊周所謂養生之主。

執僞是非以爲眞是非，而遂至於禍天下者，可舉實事爲徵。此原未必實事。然造作寓言者，必察社會之情形，可有此事，而後從而造之，故寓言之作，雖謂與實事無別，亦無不可也。則陽篇曰：「柏矩之齊，見辜人焉。推而強之，解朝服而幕之，號天而哭之，曰：子乎！子乎！天下有大菑，子獨先離之。曰：莫爲盜，莫爲殺人。榮辱立，然後覩所病；貨財聚，然後覩所爭。今立人之所病，聚人之所爭，窮困人之身，使無休時，欲無至此，得乎？匿爲物而愚不識，大爲難而罪不敢，重爲任而罰不勝，遠其途而誅不至。民知力竭，則以僞繼之。日出多僞，士民安取不僞？夫力不足則僞，知不足則欺，財不足則盜。盜竊之行，於誰責而可乎？」此節所言見得世俗所謂功罪者，皆不足以爲功罪，而強執之以賞罰人，其寃酷遂至於此，此則齊是非之理，不可以不明審矣。胠篋篇曰：「爲之斗斛以量之，則並與斗斛而竊之；爲之權衡以稱之，則並與權衡而竊之。爲之符璽以信之，則並與符璽而竊之。爲之仁義以矯之，則並與仁義而竊之。」尤爲說得痛快。蓋竊仁義之名，以行不仁不義之實，正惟不仁不義者而後能之。是則仁義之立，徒爲能行仁義者加一束縛，更爲不仁不義之人，資之利器耳。是以仁義爲藥，對治不仁不義之病，絲毫未能有效，且因藥而加病也。夫必世有不仁不義之事，而後仁義之說興；非仁義之說既興，而世乃有不仁不義之事。故謂立仁義之說者，導人以爲不仁不義，立仁義之說者，不任受怨也。然以仁義之名，對治不仁不義之病，祇限於其說初立之一刹那頃。即尚未爲不仁不義者所竊之時。此一刹那頃既過，即仁義之弊已形，執之即轉足爲病。故曰：「仁義者，先王之蘧廬，可以一宿，而不可以久處也。」然世之知以仁義爲蘧廬者鮮矣。已陳舊之道德，古今中外之社會，殆無不執之以致禍者。此則莊生之所以瘏口曉音，欲齊是非以明眞是非也。

第四節　列子

漢志有列子八篇。注曰：「名圄寇，先莊子，莊子稱之。」今本出於晉張湛。湛序謂其祖得之外家王氏，則極幻人，卽漢世之黎軒眩人，見漢書西域傳。此書爲湛所僞造，似無可疑。然必謂其絕無根據，則亦不然。今此書內容，與他古書重複者正多。汪繼培謂「原書散佚，後人依采諸子，而稍附益之」最爲得實。湛序云「所明往往與佛經相參，大同歸於老莊。屬辭引類，特與莊子相似。莊子，愼到，韓非，尸子，淮南子，多稱其言。」卽湛自道其依采附益之供狀也。

此書蓋佛教初輸入時之作。然作者於佛家宗旨，並未大明，故所言仍以同符老莊者爲多；與莊子尤相類。莊子書頗難讀，此書辭意俱較明顯，以之作莊子參考書最好。逕認爲先秦古書固非，謂其澈底作僞，全不足觀，亦未是也。

魏晉人注釋之哲學書，具存於今者有三：（一）王弼之易注，（二）郭象之莊子注，（三）卽此書也。而此書尤易看，看此三種注，以考魏晉人之哲學，亦良得也。

今此書凡八篇。第一篇天瑞，第五篇湯問，乃書中之宇宙論。言宇宙爲人所不能知，極端之懷疑論也。第二篇黃帝，言氣無彼我，彼我之分由形。不牽於情而任氣，則與物爲一，而物莫能害。第三篇周穆王，言眞幻無異。第四篇仲尼，言人當忘情任理。此等人生觀，亦與莊子相同。其發揮機械論定命論最透徹者，爲力命說符二篇，其理亦皆莊生書中所已有，特莊生言之，尚不如此之極端耳。古代哲學方面甚多，而魏晉獨於此一方面，發揮十分透徹，亦可知其頹廢思想之所由來也。楊朱一篇，於下節論之。

第五節　楊朱

楊朱之事，散見先秦諸子者，大抵與其學説無涉，或則竟系寓言。惟孟子謂「楊子取爲我，拔一毛而利天下，不爲也，」當系楊朱學術眞相。孟子嘗以之與墨子並闢，謂「楊朱墨翟之言盈天下；」又謂「逃墨必歸於楊，逃楊必歸於儒，」則其學在當時極盛。今列子中有楊朱一篇，述楊子之説甚詳。此篇也，或信之，或疑之。信之者如胡適之，謂當時時勢，自可產生此種學説。疑之者如梁任公，謂周秦之際，決無此等頹廢思想。予謂二説皆非也。楊朱之學，蓋仍原出道家。道家有養生之論，其本旨，實與儒家修齊治平，一以貫之之理相通。然推其極，遂至流於狹義之爲我與頹廢，所謂作始也簡，將畢也巨，此學問所以當謹末流之失也。

曰：「堯以天下讓許由，許由不受。又讓於子州支父。子州支父曰：以我爲天子，猶之可也。雖然，我適有幽憂之病，方且治之，未暇治天下也。夫天下至重也，而不以害其生，又况他物乎？唯無以天下爲者，可以託天下也。」天下至重，而不以害其生，則與楊子之拔一毛利天下不爲近矣，而顧曰可以託天下，何也？道家之意，以爲人生於世，各有其所當由之道，卽各有其所當處之位。人人能止乎其位，則無利於人，亦無害於人，而天下可以大治。若其不然，一出乎其所當處之位，則必侵及他人之位；人人互相侵，則天下必亂，固不問其侵之之意如何也。此亦道家所以齊是非之一理。惟如此，故謂仁義非人性，伯夷盜跖，失性則均也。可參看莊子駢拇馬蹄兩篇。道家之言治，所以貴反性命之情者以此。人人反其性命之情，則能各安其位矣。

故道家之言養生，其意原欲以治天下。不二篇曰：「楚王問爲國於詹子。詹子對曰：何聞爲身，不聞爲國。詹子豈以國可無爲哉？以爲爲國之本，在於爲身。身爲而家爲，家爲而國爲，國爲而天下爲；故曰：以身爲家，以家爲國，以國爲天下。此四者異位同本。故聖人之事，廣之則極宇宙，窮日月，約之則無出乎身者也。」可謂言之深切著明矣。天下國家，與身異位同本，理頗難明。淮南精神訓論之最好。其說曰：「知其無所用，貪者能辭之；不知其無所用，廉者不能讓也。夫人主之所以殘亡其國家，損棄其社稷，身死於人手，爲天下笑，未嘗非爲欲也。夫仇由貪大鐘之賂而亡其國；虞君利垂棘之璧而禽其身；獻公豔驪姬之美而亂四世；桓公甘易牙之和而不以時葬；胡王淫女樂之娛而亡土地。使此五君者，適情辭餘，以己爲度，不隨物而動，豈有此大患哉？」此從消極方面言之也，若從積極方面言之，則其說見於詮言訓。詮言訓曰：「原天命，治心術，理好憎，適情性，則治道通矣。原天命則不惑禍福。治心術則不妄喜怒。理好憎則不貪無用。適情性則欲不過節。不惑禍福，則動靜循理。不妄喜怒，則賞罰不阿。不貪無用，則不以欲用害性。欲不過節，則養性知足。凡此四者，弗求於外，弗假於人，反己而得矣。」「適情辭餘，以性爲度，」乃養生論之眞諦。「原天命，治心術，理好憎，適情性，」卽所謂反其性命之情也，惟反其性命之情者，乃可以養生；亦惟反其性命之情者，乃能爲天下。故曰：「惟無以天下爲者，可以託天下」也。世之不明此理者，每謂天下之治，有待人爲。殊不知如是，則吾已出乎其位，出位卽致亂之原。雖一時或見其利，而將來終受其弊。故桀紂之亂在目前，而堯舜之亂，在千世之後。何則？古之人好爭，好爭則亂，於是以禮讓爲教。夫以禮讓治當時之亂則可矣；然講禮讓太過，其民必流於弱；中國今日，所以隱忍受侮，不能與異族競者，則禮讓之教，入人太深爲之也。然如德意志，承霸國之餘業，席累勝之遺烈，而沃冰山暫得融解，還增其厚。」一理正由此。今中國自傷其弱，而務求強，其將來，難保不爲從前之德意志歐洲之人，經大戰之創痛，而思休養生息，其將來，又安保不爲今日之中國？然則謂中國今日之弱，乃前此之教禮讓者致之；德意志今日之摧折，乃前此之唱軍國民主義者致之，固無不可。卽謂中國將來之失之過剛。仍系昔之教禮讓者貽之禍；歐洲將來之失之過弱，仍系前此唱競爭者種之因，亦無不可也。一事之失，輾轉受禍，至於如此；然則孰若人人各安其位，不思利人，亦不思利己之爲當哉？故列子載楊朱之言曰：「善治外者，物未必治；善治內者，物未必亂。以若之治外，其法可以暫行於一國，而未合於人心；以我之治內，可推之於天下。」又曰：「古之人，損一豪利天下不與也；悉天下奉一身，不取也。人人不損一豪，人人不利天下，天下治矣。」夫人人不損一豪，則無堯舜；人人不利天下，則無桀紂；無桀紂，則無當時之亂；無堯舜，則無將來之弊矣。故曰天下治也。楊子爲我之說如此；以哲學論，亦可甚深微妙；或以自私自利目之，則淺之乎測楊子矣。淮南氾論篇曰：「全性保眞，不以物累形，楊子之所立也。」可見楊子爲我之義，出於道家之養生論。

然則楊朱之說，卽萬物各當其位之說，原與儒家相通。然所謂位者，至難言也。以人人論，則甲所處之位，非乙所處之位；以一人論，則今所處之位，非昔所處之位。以位之萬有不同，所謂當其位者，亦初無一定形迹。「禹稷顏子，易地則皆然；」「窮則獨善其身，達則兼善天下，」皆是理也。然則處乎君師之位者，卽以一夫不獲爲予辜，亦不爲出其位；遭値大亂之時，又懷救世之志者，卽如孔子之周流列國，亦不爲出其位。若但執七尺之軀爲我，以利此七尺之軀爲爲我，而執此爲當處之位，則謬矣。然智過其師，乃能傳法；此一種學說，推行既廣，必不能無誤解其宗旨之人；此楊氏之末流，所以流於無君，而孟子所以闢之也。然則如楊朱篇所載之頹廢思想，乃楊學之末流，固非楊子之咎，而亦不得謂楊氏之徒無此失也。列子固係僞書；其所謂楊朱篇者，亦或不可信。然莊子盜跖篇，設爲盜跖告孔子之辭曰：「今吾告子以人之情：目欲視色，耳欲聽聲，口欲察味，志氣欲盈。人上壽百歲，中壽八十，下壽六十；除病瘦（瘐之誤。瘐卽瘉，瘉，病也。）死喪憂患，其中開口而笑者，一月之中，不過四五日而已矣。天與地無窮，人死者有時；操有時之具，而託於無窮之閒，忽然無異騏驥之馳過隙也。不能說其志意，養其壽命者，皆非通道者也。丘之所言，皆吾之所棄也。亟去走歸，毋復言之。子之道，狂狂汲汲，詐巧虛僞事也，非所以全眞也，奚足論哉？」與列子楊朱篇所謂「徒失當年之至樂，不能自肆於一時，重囚累爲道家養生論之流失也。列子此篇，蓋眞僞參半。蓋剽取先秦古籍，而又以己意潤飾之者耳。

第六節　管子鶡冠子

管子，漢志隸之道家，隋志隸之法家，然實成於無意中之雜家也。書中道法家言誠精絕，然關涉他家處尤多。如幼官幼官圖四時五行輕重已爲陰陽家言；七法兵法地圖參患制分九變爲兵家言；霸言爲縱橫家言；地員爲農家言是也。諸家之書，所傳皆少，存於此書中者，或轉較其當家之書爲精；卽以道法家言論，亦理精文古，與老莊商韓，各不相掩；眞先秦諸子中之瑰寶也。

孟子斥公孫丑曰：「子誠齊人也，知管仲晏子而已矣。」管晏之功烈，齊人蓋稱道弗衰。凡有傳說，一以傅之；而學者亦自託於此以爲重，勢也。晏子之書，傳於今者，有晏子春秋。大抵記晏子行事。此書則記行事者有大中小匡霸形小稱四稱諸篇。中小匡及立政乘馬問入國度地諸篇，又多記治制。蓋較晏子書尤恢廓矣。制度果出管子與否，誠難質言；然必不容憑空虛構；霸國之遺烈，固因之而可考矣。輕重諸篇，予疑爲農家言，別於論農家時述之。此說確否，予亦未敢自信。然輕重之說，諸家皆不道，惟管子書爲特詳，則亦其書之所以可貴也。

漢志有鷃冠子一篇，注曰：「楚人，居深山，以鷃爲冠。」今本凡三卷十九篇。有宋陸佃注。四庫提要曰：「佃序謂韓愈讀此稱十六篇，未睹其全。佃北宋人，其時古本韓文初出，當得其眞，今本韓文乃亦作十九篇，殆後來反據此書以改韓集。」王闓運曰：「道家鷃冠子一篇，縱橫家龐煖二篇。隋志道家有鷃冠三卷，無龐煖書，而篇卷適相合，隋以前誤合之。」今案此書，第七第八第九第十四第十五諸篇，皆龐子問而鷃冠子答。第十六篇，趙悼襄王問於龐煖。十九篇，趙武靈王問於龐煖。蓋龐子趙將，而鷃冠子則龐子之師，此其所以誤合也，此書義精文古，決非後世所能僞爲，全書多道法二家言，又涉明堂陰陽之論，第六第八第十第十七諸篇。與管子最相似。第九篇言治法，尤與管子大同。蓋九流之學，流異源同，故荊楚學者之言，與齊託諸仲父之書相類也。

第七節　其餘諸家

曰：選則不徧，敎則不至，道則无遺者矣。」「是故愼到棄知去已，而緣不得已。冷汰於物，以爲道理。郭注：「冷汰，猶聽放也。」不師知慮，不知前後。推而後因，曳而後往。夫無知之物，无建已之患，无用知之累，動靜不離於理，是以終身無譽。故曰：至於若无知之物而已，无用賢聖。豪傑相與笑之曰：愼到之道，非生人之行，而至死人之理，適得怪焉。田駢亦然，學於彭蒙，得不敎焉。」蓋即「敎則不至」之敎。高誘呂覽注，亦謂「田駢齊生死，等古今。」則此三人學說，實與今莊生書所載者相近。史記孟荀列傳曰：「愼到，趙人。田駢，接子，齊人。環淵，楚人。皆學黃老道德之術。因發明序其指意。故愼到著十二篇；環淵著上下篇；而田駢接子，皆有所論焉。漢志亦有田子二十五篇，捷子二篇，即接子。蜎子十三篇。即環淵。皆亡。而愼子四十二篇，在法家。今存者五篇，多法家言。

史記謂老子著書，出於關尹之慫慂。漢志有關尹子九篇。注曰：「名喜，爲關吏。老子過關，喜去吏而從之。」莊子天下篇，亦以二人列爲一派，則其學之相近可知。今之關尹子，多闡佛理；又雜以陰陽之說，幷有龍虎嬰兒藥女金樓絳宮寶鼎紅爐等名。蓋融合後世之道家言及佛說而成者。其文亦似佛經，全不類先秦古書。凡作僞書，無如此不求似者。蓋其意非欲僞古，眞是借題古書之名，使人易於寓目耳。

道家僞書，又有鬻子。案漢志，道家有鬻子二十二篇，注曰：「名熊。爲周師。自文王以下問焉。周封，爲楚祖。」小說家又有鬻子說十九篇，注曰：「後世所加。」隋志，道家，鬻子一卷，小說家無。舊唐志，小說家有，道家無。新唐志同隋志。今本凡十四篇，卷首載唐永徽四年華州縣尉逄行珪進表。各篇標題，皆宂贅不可解。又每篇皆寥寥數語，絕無精義。列子天瑞黃帝力命三篇，各載鬻子之言一條。賈子書修政下，亦載文王等問於鬻子事七章。此書皆未采及，僞書之極劣者也。

漢志：文子九篇。注：「老子弟子，與孔子並時，而稱周平王問，似依託者也。」今本文子，多襲淮南，亦取莊子呂覽。多淺鄙之言；引老子處，尤多誤解；決爲後世僞書。又非漢志所謂依託者矣。

此外諸家，或名氏僅見他書，學術宗旨，更無可考，今皆略之。

第二章　儒家

第一節　總論

天子之政，以股肱周室，輔翼成王。懼爭道之不塞，臣下之危上也。故縱馬華山，放牛桃林；敗鼓折枹，搢笏而朝；以寧靜王室，鎭撫諸侯。成王既壯，能從政事，周公受封於魯，以此移風易俗。孔子修成康之道，述周公之訓，以敎七十子，使服其衣冠，修其篇籍，故儒者之學生焉。」今觀儒家之書大抵推索敎化，稱引周典，淮南王書及班志之語，誠爲不誣，然中庸言「仲尼祖述堯舜，憲章文武；上律天時，下襲水土。」自此迄於篇末，舊注皆以爲稱頌孔子之辭。孟子曰：「自生民以來，未有孔子也。」又引宰予之言曰：「以予觀於夫子，賢於堯舜遠矣。」公孫丑上。皆以爲德參天地，道冠古今。論語載孔子之言曰：「周監於二代，郁郁乎文哉！吾從周。」八佾。然又載其答顏淵爲邦之問曰：「行夏之時，乘殷之輅，服周之冕，樂則韶舞。」衛靈公。其治法實兼采四代。「服周之冕，」爲凡尙文之事示之例，卽論語從周之義。乘殷之輅，爲凡尙質之事引其端，則春秋變周之文從殷之質之義。知從周僅孔門治法之一端；孔子之道，斷非周公所能該矣。案儒之爲言柔也。漢人多以儒墨並稱，亦以儒俠對舉。竊意封建之壞，其上流社會，自分爲二，性寬柔若世爲文吏者則爲儒，性強毅若世爲戰士者則爲俠，孔因儒以設敎，墨藉使以行道。儒者之徒，必夙有其所誦習之義，服行之道，孔子亦因而仍之。此凡孔子之徒所共聞，然初非其至者。孔子之道之高者，則非凡儒者所與知。故弟子三千，達者不過七十；而性與天道，雖高弟如子貢，猶欲其不得聞也。（論語公冶長。）然孔子當日，既未嘗自別於儒，而儒家亦皆尊師孔子，則論學術流別，固不得不謂爲儒家。漢志別六藝於諸子之外，實非也。今述孔子，仍列諸儒家之首。

第二節　孔子

孔子之道，具於六經。六經者，詩書禮樂易春秋也。以設敎言，則謂之六藝。以其書言，則謂之六經。詩書禮樂者，大學設敎之舊科。儒家偏重敎化，故亦以是爲敎，易與春秋，則言性與天道，非凡及門所得聞，尤孔門精義所在也。（參看附錄一六藝。）

六經皆先王舊典，而孔子因以設敎，則又別有其義。漢儒之重六經，皆以其爲孔子所傳，微言大義所在，非以其爲古代之典籍也。西京末造，古文之學興。輕微言大義而重考古。乃謂六經爲伏羲堯舜禹湯文武周公之傳，別六藝於儒家之外，而經學一變，而儒家之學，亦一變矣。（參看附錄二經傳說記。）今古文之是非，今亦不欲多論。然今文詩有魯齊韓三家。今惟韓詩尚存外傳，餘皆亡。外傳及詩之本義者甚少。然今所傳詩序，雖爲古文家言，而大序總說詩義處，實取諸三家。魏源說，見詩古微。節取其辭，實可見詩之大義也：案詩分風雅頌三體。詩大序曰：「風風也教也。風以動之，教以化之。」「上以風化下，下以風刺上。主文而譎諫，言之者無罪，聞之者足以戒。故曰風。至於王道衰，禮義廢，政教失，國異政，家殊俗，而變風變雅作矣。國史明乎得失之迹，傷人倫之廢，哀刑政之苛，吟咏情性，以風其上，達於事變而懷其舊俗者也。故變風，發乎情，止乎禮義。發乎情，民之性也。止乎禮義，先王之澤也。是以一國之事，繫一人之本，謂之風。言天下之事，形四方之風，謂之雅。雅者，政也。政有小大，故有小雅焉，有大雅焉。頌者，美盛德之形容，以其成功，告於神明者也。」其釋風雅頌之義如此。王制：天子巡狩，「命大師陳詩，以觀民風。」公羊何注曰：「五穀畢入，民皆居宅。男女有所怨恨，相從而歌。飢者歌其食，勞者歌其事。男年六十，女年五十無子者，官衣食之，使之民間求詩。鄉移於邑，邑移於國，國以聞於天子。故王者不出牖戶，盡知天下所苦；不下堂而知四方。」宣公十五年。蓋古之詩，非如後世文人學士所爲；皆思婦勞人，鬱結於中，脫口而出。故聞其辭可以知其意；因以知風俗之善惡，政教之得失焉。詩與政治之關係如此。至其關係身心，亦有可得而言者。陳氏澧東塾讀書記曰：「漢書藝文志云：齊韓詩或取春秋，采雜說，咸非其本義。今本韓詩外傳，有元至正十五年錢惟善序，云：斷章取義，有合於孔門商賜言詩之旨。案此指論語貧而無諂，巧笑倩兮兩章。見學而八佾篇。澧案孟子云：憂心悄悄，慍於羣小，孔子也，案見盡心下篇 亦外傳之體。禮記坊記中庸表記緇衣大學引詩者，尤多似外傳。蓋孔門學詩者皆如此。其於詩義，洽熟於心，凡讀古書，論古人古事，皆與詩義相觸發，非後儒所能及。案讀古書論古人古事如此，則其觸發於身所涉歷之際者可知。蓋詩爲文學，故其感人之力最偉，而有以移易其情性於不自知之間也。子曰：「詩三百，一言以蔽之，曰思無邪。」論語爲政「又曰：詩可以興，可以觀，可以羣，可以怨，邇之事父，遠之事君。」同上陽貨 又曰：「不學詩，無以言。」同上季氏。 又曰：「誦詩三百，授之以政，不達；使於四方，不能專對。雖多，亦奚以爲？」同上子路。 詩與身心之關係如此。

書之大義，讀孟子萬章上篇，可以見其一端。此篇載萬章之問曰：「堯以天下與舜，有諸？孟子曰：否，天子不能以天下與人。然則舜有天下也，孰與之？曰：天與之，」又問曰：「人有言：至於禹而德衰，不傳於賢，而傳於子，有諸？」孟子曰：「否，天與賢，則與賢；天與子，則與子。」而所謂天者，仍以朝覲訟獄謳歌之所歸爲徵驗，而知其然？以孟子之言，皆與尚書大傳及史記五帝本紀同。伏生固尚書大師，馬遷亦從孔安國問故者也。漢書儒林傳：「兒寬初見武帝語經學。帝曰：吾初以尚書爲樸學，弗好。及聞寬說，可觀。乃從寬問一篇。」可知書之大義，存於口說者多矣。

禮經十七篇，今稱儀禮。以古學家以周官經爲大綱，以此書爲細目故也。其實周官經乃政典，與此書之性質，絕不相同。唐六典，明清會典，乃周官經之類。開元禮政和五禮，清通禮，則儀禮之類。特多詳王禮，非復如禮經爲天下之達禮耳。禮者，因人之情而爲之節文，乃生活之法式。惟有禮，然後「富不足以驕，貧不至於約。」禮記坊記。非如後世但有權力，有財產，便可無所不爲也。今人多以禮爲鄰於壓制，殊不知「禮之所尊，尊其義也。」禮記郊特牲。條文節目，本當隨時變更，故曰：「禮，時爲大」。禮記禮運。後人執古禮之形式，以爲天經地義，而禮乃爲斯民之桎梏；逆人情而強行，非復因人情而爲之節文矣。此誠爲無謂，抑且有弊。然要不得因此幷禮之原理而亦排擯之也。禮經十七篇，用諸喪，祭，射，鄉，冠，昏，朝，聘，說見邵氏懿辰禮經通論。實爲天下之達禮。蓋孔子因舊禮所修。其義則皆見於其傳，如禮記之冠昏鄉射燕聘諸義是，其言皆極粹美也。

樂無經。其義具見於禮記之樂記。此篇合十一篇而成，見疏，呂覽仲夏紀，與之略同。蓋儒家相傳舊籍也。讀之，可見樂以化民，及以禮樂陶淑身心之旨。

易與春秋，爲孔門最高之學。易緯乾鑿度曰：「易一名而含三義，所謂易也，變易也，不易也。」又云：「易者其德也。光明四通，簡易立節。天以爛明。此下疑奪一句。日月星辰，布設張列。通精無門，藏神無穴。不煩不擾，澹泊不失。變易者其氣也。天地不變，不能通氣。不易者其位也。天在上，地在下。」鄭玄依此義，作易贊及易論，云：「易一名而含三義：易簡一也，變易二也，不易三也。」周易正義八論論易之三名。案變易，謂宇宙現象，無一非變動不居。所以戒執一而有窮變通久之義。不易則從至變之中，籀得其不變之則。故致治之道，雖貴因時制宜，而仍有其不得與民變革者，所謂有改制之名，無改道之實；而亦彰往所以能知來，所由百世以俟聖人而不惑也。簡易者，謂極複雜之現象，統馭於極簡單之原理。莫或爲之，曾不差忒。此則治法所以貴因任自然，而賤有爲之法也。此爲孔門哲學之根本。其他悉自此推演而出，亦皆可歸納於此。

易與春秋相表裏。易籀繹人事，求其原於天道。春秋則根據天道，以定人事設施之準。所謂「易本隱以代改制質文篇。史記高祖本紀贊曰：「夏之政忠。忠之敝，小人以野，故殷人承之以敬。敬之敝，小人以鬼，故周人承之以文。文之敝，小人以僿，故救僿莫若以忠。三王之道若循環，終而復始。」即此義也。張三世者，春秋二百四十年，分爲三世：始曰據亂，繼曰升平，終曰太平。據亂之世，內其國而外諸夏。升平之世，內諸夏而外夷狄。太平之世，遠近大小若一。春秋所言治法，分此三等，蓋欲依次，將合理之治，推之至於全世界也。易與春秋皆首元。何君公羊解詁曰：「春秋變一爲元。元者，氣也。無形以起，有形以分。造起天地，天地之始也。」「春秋以元之氣，正天之端；以天之端，正王之政；以王之政，正諸侯之即位；以諸侯之即位，正竟內之治。」此謂治天下當根據最高之原理，而率循之，以推行之，至乎其極也。

然則何者爲孔子之所謂郅治乎？讀禮運一篇，則知孔子之所慨想者，在於大同；而其行之之序，則欲先恢復小康，故其於政治，主尊君而抑臣。尊君抑臣，非主張君主專制。以是時貴族權大，陵虐小民者皆此輩，尊君抑臣，政出一孔，正所以使小民獲蘇息也。其於人民，主先富而後教。見論語子路子適衛章。孔子未嘗言井田。然觀其先富後教之說，則知孟子言先制民之產，而後設爲庠序學校以教之，其說亦出孔子。教民之具，以禮樂爲最重。

以其能感化人心；範其行爲，而納諸軌物；非徒恃刑驅勢迫，使之有所畏而不敢不然也。此蓋其出於司徒之官之本色。

孔子之言治，大略如此，至其立身之道，則最高者爲中庸。蓋無論何時何地，恆有一點，爲人之所當率循；而亦惟此一點，爲人之所當率循；稍過不及焉，卽非是。所謂「差之毫釐，繆以千里」也。脩己治人，事雖殊而理則一。脩己者，不外隨時隨地，求得其當守之一點而謹守之。所謂「擇乎中庸，拳拳服膺而勿失之」也。治天下之道，亦不外乎使萬物各當其位。能使萬物各當其位，而後我之所以爲我者，乃可爲毫髮無遺憾。以人之生，本自將世界之事，措置至無一不善之責任，所謂「宇宙間事，皆吾性分內事」也。（陸象山之言。）故曰：「能盡其性，則能盡人之性；能盡人之性，則能盡物之性；能盡物之性，則可以贊天地之化育；可以贊天地之化育，則可以與天地參」也。此以行爲言。若以知識言，則重在發見眞理。眞理謂之誠。所謂「誠者天之道，思誠者人之道」也。（以上皆引中庸。）孟子曰：「萬物皆備於我矣，反身而誠，樂莫大焉。」卽此理。（盡心上。）

中庸之道，幡天際地，而其行之則至簡易，所謂「君子素其位而行，不願乎其外」也。「素富貴，行乎富待人言，其道亦至簡易，絜矩而已矣。大學曰：「所惡於上，毋以使下；所惡於下，毋以事上；所惡於前，毋以先後；所惡於後，毋以從前；所惡於右，毋以交於左；所惡於左，毋以交於右；此之謂絜矩之道。」待人之道，反求諸己而即得，此何等簡易乎？然而行之，則終身有不能盡者矣。中庸曰：「子曰：君子之道四，丘未能一焉。所求乎子以事父，未能也。所求乎臣以事君，未能也，所求乎弟以事兄，未能也。所求乎朋友先施之，未能也。庸德之行，庸言之謹；有所不足，不敢不勉；有餘，不敢盡。言顧行，行顧言。君子胡不慥慥爾。」終身行之而不能盡之道，只在日用尋常之間；爲聖爲賢，至於毫髮無遺憾，舉不外此；所謂「極高明而道中庸」也。孔子所以能以極平易之說，而範圍中國之人心者數千年，以此。

孔子爲大教育家，亦爲大學問家。弟子三千，身通六藝者七十有二，私人教育之盛，前此未有也。孔子每自稱「學不厭，教不倦，」可見其誨人之勤。又曰：「不憤不啟，不悱不發；舉一隅，不以三隅反，則不復也。」亦可見其教學之善。禮記學記一篇，所述雖多古代遺法，亦必有孔門口說矣。孔子曰：「吾嘗終日不食，終夜不寢，以思，無益，不如學也。」論語衛靈公。又曰：「學而不思則罔，思而不學則殆。」同上爲政。可見其於理想及經驗，無所畸重。古書中屢稱孔子之博學。論語載達巷黨人之言，亦曰：「大哉孔子，博學而無所成名，」子罕。然孔子對曾參及子貢，兩稱「吾道一以貫之，」同上里仁衞靈公。即其明徵也。

孔子非今世所謂宗教家，然宗教家信仰及慰安之精神，孔子實饒有之，其信天及安命是也。孔子之所謂天，即眞理之謂。論語八佾子曰：「獲罪於天，無所禱也。」集注曰：「天即理也。」篤信眞理而確守之，盡吾之力而行之；其成與不，則聽諸天命焉。論語憲問：子曰：「道之將行也與？命也。道之將廢也與？命也。」雖極熱烈之宗教家，何以過此？

此外孔子行事，足資矜式者尚多，皆略見論語中，茲不贅述。

附錄一　六藝

六藝傳自儒家，而七略別之九流之外。吾昔篤信南海康氏之說，以爲此乃劉歆爲之。歆欲尊周公以奪孔子之席，乃爲此，以見儒家所得，亦不過先王之道之一端，則其所崇奉之周官經，其可信據，自在孔門所傳六藝之上矣。由今思之，殊不其然。七略之別六藝於九流，蓋亦有所本。所本惟何？曰：詩書禮樂，本大學古有國學，有鄉學。國學初與明堂同物，詳見學制條。王制曰：「樂正崇四術，立四教，順先王詩書禮樂以造士。春秋教以禮樂，冬夏教以詩書。」詩書禮樂，追原其朔，蓋與神教關係甚深。禮者，祀神之儀；樂所以娛神，詩即其歌辭；書則教中典册也。古所以尊師重道，執醬而饋，執爵而酳，袒而割牲，北面請益而弗臣，蓋亦以其爲教中尊宿之故。其後人事日重，信神之念日澹，所謂詩書禮樂，已不盡與神權有關。然四科之設，相沿如故，此則樂正之所以造士也。惟儒家亦然。論語：「子所雅言，詩書執禮。」述而 言禮以該樂。又曰：「興於詩，立於禮，成於樂。」泰伯 專就品性言，不主知識，故不及書。子謂伯魚曰：「學詩乎？」「學禮乎？」季氏 則不舉書，而又以禮該樂。雖皆偏舉之辭，要可互相鉤考，而知其設科一循大學之舊也。

易與春秋，大學蓋不以是設教。然其爲明堂中物，則亦信而有徵。禮記禮運所言，蓋多士居明堂之禮。而曰：「王前巫而後史，卜筮瞽侑皆在左右。」春秋者，史職，易者，巫術之一也。孔子取是二書，蓋所以明天道與人事，非凡及門者所得聞。子貢曰：「夫子之文章，可得而聞也。夫子之言性與天道，不可得而聞也。」論語公冶長。 文章者，詩書禮樂之事；性與天道，則易道也。孔子之作春秋也，「筆則筆，削則削，子夏之徒，不能贊一辭。」史記孔子世家。子夏之徒且不能贊，況其下焉者乎？孔子世家曰：「孔子以詩書禮樂教，弟子蓋三千焉。身通六藝者，七十有二人。」此七十有二人者，蓋於詩書禮樂之外，又兼通易與春秋者也。孔子世家曰：「孔子晚而喜易。讀易，韋編三絕。曰：假我數年，若是，我於易則彬彬矣。與論語述而：「加我數年，五十以學易，可以無大過矣」合。疑五十而知天命，正在此時。孔子好易，尚在晚年，弟子之不能人人皆通，更無論矣。

六藝之名，昉見禮記經解。經解曰：「孔子曰，入其國，其教可知也。其為人也，溫柔敦厚，詩教也。疏通知遠，書教也。廣博易良，樂教也。絜靜精微，易教也。恭儉莊敬，禮教也。屬辭比事，春秋教也。故詩之失愚，書之失誣，樂之失奢，易之失賊，禮之失煩，春秋之失亂。」淮南子泰族：「易之失也卦。書之失也尃。樂之失也淫。詩之失也辟。禮之失也責。春秋之失也刺。」曰其教，則其原出於學可知也。繁露玉杯曰：「君子知在位者之不能以惡服人也，是故簡六藝以贍養之。詩書序其志，禮樂純其義，易春秋明其知。」云以贍養在位者，則其出於大學，又可知也。繁露又曰：「六藝皆大而各有所長。詩道志，故長於質。禮制節，故長於文。樂詠德，故長於風。書著功，故長於事。易本天地，故長於數。春秋正是非，故長於治人。」史記滑稽列傳及自序，辭意略同。滑稽列傳曰：「孔子曰：六藝於治一也。禮以節人。樂以發和。書以道事。詩以達意。易以神化。春秋以道義。」自序曰：「易著天地陰陽，四時五行，故長於變。禮經紀人倫，故長於行。書記先王之事，故長於政。詩記山川谿谷禽獸草木牝牡雌雄，故長於風。樂樂所以變，故長於和。春秋辨是非，故長於治人。是故禮以節人，樂以發和，書以道事，詩以達意，

「易本隱以之顯，春秋推見至隱。」二者相爲表裏，故古人時亦偏舉。荀子勸學曰：「學惡乎始？惡乎終？曰：其數則始乎誦經，終乎讀禮；其義則始乎爲士，終乎爲聖人，眞積力久則入，學至乎沒而後止也。故書者，政事之紀也；詩者，中聲之所止也；禮者，法之大分，羣類之綱紀也。故學至乎禮而止矣。夫是之謂道德之極。禮之敬文也，樂之中和也，詩書之博也，春秋之微也，在天地之間者畢矣。」古人誦讀，皆主詩樂。詳見癸巳存稿君子小人學道是弦歌義。始乎誦經，終乎讀禮，乃以經該詩樂，與禮並言，猶言興於詩，立於禮也。下文先以詩書並言，亦以詩該樂。終又舉春秋而云在天地之間者畢，可見春秋爲最高之道。不言易者，舉春秋而易該焉。猶史記自序，六經並舉，側重春秋，非有所偏廢也。孟子一書，極尊崇春秋而不及易，義亦如此。荀子儒效：「詩言是其志也，書言是其事也，禮言是其行也，樂言是其和也，春秋言是其微也。」與賈子書道德說：「書者，此之著者也；詩者，此之志者也；易者，此之占者也；春秋者，此之紀者也；禮者，此之體者也；樂者，此之樂者也。」辭意略同，而獨漏易，可見其係舉一以見二，非有所偏廢也。漢書藝文志：「六藝之文：樂以和神，仁之表也。詩以正言，義之用也。禮以明體，明者正見，故無訓也。書以廣聽，知之術也。春秋以斷事，信之符也。五者蓋五常之道，相須而備，而易爲之原。故曰：易不可見，則乾坤或幾乎息矣。言與天地爲終始也。至於五學，世有變改，猶五行之更用事焉。」以五經分配五行，雖不免附會。然其獨重易，亦可與偏舉春秋者參觀也。

莊子徐無鬼：「女商曰：吾所以說吾君者，橫說之則以詩書禮樂，從說之則以金版六弢。」金版六弢，未知何書，要必漢代金匱石室之倫，自古相傳之祕籍也。大史公自序：「余聞之先人曰：伏羲至純厚，作易八卦。堯舜之盛，尚書載之，禮樂作焉。湯武之隆，詩人歌之。春秋采善貶惡，推三代之德，褒周室，非獨刺譏而已也。」上本之伏羲堯舜三代，可見六藝皆古籍，而孔子取之。近代好爲怪論者，竟謂六經皆孔子所自作，其武斷不根，不待深辯矣。論衡須頌：「問說書者：欽明文思以下，誰所言也？曰：篇家也。篇家誰也？孔子也。」此亦與史記謂孔子序書傳之意同。非謂本無其物，而孔子創爲之也，不可以辭害意。

莊子天下曰：「以仁爲恩，以義爲理，以禮爲行，以樂爲和，薰然慈仁，謂之君子。」又曰：「古之人其備乎？配神明，醇天地，育萬物，和天下，澤及百姓。明於本數，係於末度。六通四辟，小大精粗，其運無乎不在。其明而在度數者，舊法世傳之史，尚多有之。其在於詩書禮樂者，鄒魯之士，搢紳先生，多能明之。詩以道志，書以道事，禮以道行，樂以道和，易以道陰陽，春秋以道名分。其數散於天下，而設於中國者，百家之學，時或稱而道之。以仁爲恩，指詩，以義爲理，指書，所謂薰然慈仁之君子，卽學於大學之士也。此以言乎盛世。至於官失其守，則其學爲儒家所傳，所謂鄒魯之士，搢紳先生者也。上下相銜，詩以道志二十七字，決爲後人記識之語，溷入本文者。管子戒篇：「博學而不自反，必有邪。孝弟者，仁之祖也。忠信者，交之慶也。內不考孝弟，外不正合言之也。可見詩書禮樂，爲大學之舊科矣。舊法世傳之史，蓋失其義，徒能陳其數者，百家之學皆王官之一守，所謂散於天下，設於中國，時或稱而道之者也。亦足爲詩書禮樂，出於大學之一旁證也。商君書農戰：「詩書禮樂善修仁廉辯慧，國有十者，上無使守戰。」亦以詩書禮樂並舉。

詩書禮樂易春秋，自人之學習言之，謂之六藝。自其書言之，謂之六經。經解及莊子天運所言是也。天運曰：「孔子謂老聃曰：丘治詩書禮樂易春秋六經。老子曰：夫六經，先王之陳迹也，豈其所以迹哉？」亦可見六經確爲先王之故物，而孔子述之也。莊子天道：孔子西藏書於周室，繙十二經以說。十二經不可考。釋文引說者云：六經加六緯。一說：易上下經幷十翼。又一云：春秋十二公經。皆未有以見其必然也。

六藝有二：一周官之禮樂射御書數，一孔門之詩書禮樂易春秋也。信今文者，詆周官爲僞書。信古文者，又以今文家所稱，爲後起之義。予謂皆非也。周官雖六國陰謀之書，所述制度，亦必有所本，不能馮空造作也。呂覽博志：「養由基、尹儒，皆文藝之人也。」文藝一作六藝。文藝二字，古書罕見，作六藝者蓋是。由基善射，尹儒學御，稱爲六藝之人，此即周官之制不誣之明證。予謂詩書禮樂易春秋，大學之六藝也。禮樂射御書數，小學及鄉校之六藝也。何以言之？曰：周官大司徒，以鄉三物教萬民而賓興之，三曰六藝，禮樂射御書數。此鄉校之教也。保氏「養國子以道，乃教之六藝：一曰五禮，二曰六樂，三曰五射，四曰五馭，五曰六書，六曰九數。」此小學之教也。論語：「子曰：吾何執？執御乎？執射乎？吾執御矣。」子罕謙，不以成德自居，而自齒於鄉人也。六藝雖有此二義，然孔門弟子，身通六藝，自係指大學之六藝而言。不然，當時鄉人所能，孔門能通之者，必不止七十二人也。

管子山權數：「管子曰：有五官技。桓公曰：何謂五官技？管子曰：詩者，所以記物也。時者，所以記歲也。春秋者，所以記成敗也。行者，道民之利害也。易者，所以守凶吉成敗也。卜者，卜凶吉利害也。民之能此者，皆一馬之田，一金之衣，此使君不迷妄之數也。六家者，即見其時。使豫先蚤閒之日受之。故君無失時，無失策，萬物與豐無失利。遠占得失，以爲未教。詩記人無失辭，行殫道無失義，易守禍福凶吉不相亂，此謂君棅。」上云五官，下云六家，蓋卜易同官也。此與詩書禮樂易春秋，大同小異。蓋東周以後，官失其守，民間顧有能通其技者，管子欲利田宅美衣食以蓄之也。此亦王官之學，散在民間之一證。

新學僞經考曰：「史遷述六藝之序曰：詩書禮樂易春秋，西漢以前之說皆然。蓋孔子手定之序。劉歆文。謂詩書禮樂易春秋之序，爲孔子手定，亦無明據。予謂詩書禮樂，乃大學設教之舊科，人人當學，故居前。易春秋義較深，聞之者罕，故居後。次序雖無甚關係，然推原其朔，自以從西漢前舊次爲得也。

附錄二　經傳說記

六經皆古籍，而孔子取以立教，則又自有其義。孔子之義，不必盡與古義合，而不能謂其物不本之於古。其物雖本之於古，而孔子自別有其義。儒家所重者，孔子之義，非自古相傳之典籍也。此兩義各不相妨。故儒家之尊孔子，曰：「賢於堯舜遠矣。」曰：「自生民以來，未有孔子。」孟子公孫丑上。而孔子則謙言「述而不作，信而好古。」論語述而。即推尊孔子者，亦未嘗不以「祖述堯舜，憲章文武」爲言也。禮記中庸。若如今崇信今文者之說，謂六經皆孔子所作，前無所承，則孔子何不作一條理明備之書，而必爲此散無可紀之物？又何解於六經文字古近不同，顯然不出一手，幷顯然非出一時乎？若如崇信古學者之言，謂六經皆自古相傳之物；孔子之功，止於抱遺訂墜；而其所闡明，亦不過古先聖王相傳之道，初未嘗別有所得，則馬鄭之精密，豈不眞勝於孔子之粗疏乎？其說必不可通矣。

惟六經僅相傳古籍，而孔門所重，在於孔子之義，故經之本文，並不較與經相輔而行之物爲重。不徒不較重，抑且無相輔而行之物，而經竟爲無謂之書矣。

與經相輔而行者，大略有三：傳說記是也。漢書河間獻王傳曰：「獻王所得，皆經傳說記，七十子之徒所論。」蓋傳說記三者，皆與經相輔而行；孔門所傳之書，大略可分此四類也。

傳說二者，實卽一物。不過其出較先，久著竹帛者，則謂之傳；其出較後，猶存口耳者，則謂之說耳。陳氏澧曰：「荀子曰：國風之好色也，其傳曰：盈其欲而不愆其止，其誠可比於金石，其聲可內於宗廟。大略。據此，則周時國風已有傳矣。韓詩外傳亦屢稱傳曰：史記三代世表：褚先生曰：詩傳曰：湯之先爲契，無父而生。此皆不知何時之傳也。」東塾讀書記六。陳氏所引，實皆孔門詩傳。謂不知何時之傳者誤也。然孔子以前，詩確已自有傳，史記伯夷列傳引軼詩傳是也。以此推之，孔子世家稱孔子「序書傳」，書傳二字，蓋平舉之辭。孔子序書，蓋或取其本文，或取傳者之辭，故二十八篇，文義顯分古近也。如金縢亦記周公之辭，其文義遠較大誥等篇爲平近。　古代文字用少，，經傳不別者甚多。崔氏適春秋復始，論之甚詳。今更略舉數證。孟子萬章一篇，論舜事最多。後人多欲以補舜典。然尚書二十八篇爲備，實不應有舜典。而完廩浚井等事，亦見史記五帝本紀。五帝本紀，多同伏生書傳。蓋孟子史公，同用孔門書說也。以此推之；滕文公篇引書曰：「若藥不瞑眩，厥疾不瘳；」論語爲政，孔子引書曰：「孝乎惟孝，」亦皆書傳文矣。說文旻部夐下引商書曰：「高宗夢得說，使百工夐求，得之傅巖。」語見書序。蓋書傳文，而作序者竊取之。差以豪釐，繆以千里。見易繫辭。繫辭，釋文云：王肅本有傳字。案大史公自序，述其父談論六家要旨，引繫辭「一致而百慮，同歸而殊塗，」謂之易大傳，則王肅本是也。然自序又引豪釐千里二語稱易曰，大戴保傅小戴經解亦然。此漢人引用，經傳不別之證，故諸家之易，繫辭下或無傳字也。 孟子梁惠王下：詩曰：王赫斯怒，爰整其旅，以遏徂莒，以篤周祜，以對於天下，此文王之勇也，文王一怒而安天下之民，書曰：天降下民，作之君，作之師。惟曰其助上帝，寵之四方。有罪無罪，惟我在，天下曷敢有越厥志？一人衡行於天下，武王恥之。此武王之勇也，而武王亦一怒而安天下之民。」「此文王之勇也，」「此武王之勇也，」句法相同，自此以上，皆當爲詩書之辭。然「一人衡行於天下，武王恥之，」實爲後人稱述武王之語。孟子所引，蓋亦書傳文也。 傳之爲物甚古，故又可以有傳。論語邢疏：「漢武帝謂東方朔云：傳曰：時然後言，人不厭其言。又成帝賜翟方進策書云：傳曰：高而不危，所以長守貴也。是漢世通謂論語孝經爲傳。然漢志：齊論有傳十九篇，孝經亦有雜傳四篇。蓋對孔子手定之書言，論語孝經皆爲傳；對傳論語孝經者而言，則論語孝經，亦經比也。傳之名不一。或謂之義，如禮記冠義以下六篇是也。或謂之解，如管子之明法解，韓非子之解老是也。禮記之經解，蓋通解諸經之旨，與明法解老等專解一篇者，體例異而旨趣同，故亦謂之解也。墨子經說，體製亦與傳同，而謂之說，尤傳與說本爲一物之證。 孟子梁惠王上：對齊宣王之問曰：「仲尼之徒，無道桓文之事者，是以後世無傳焉。」下篇：「齊宣王問曰：文王之囿，方七十里，有諸？孟子對曰：於傳有之。」管子宙合曰：「宙合有橐天地，其義不傳。」此所謂傳。並即經傳之傳也。明法解與所解者析爲兩篇。宙合篇前列大綱，後乃申釋其義，則經傳合居一簡。古書如此者甚多。今所傳易，繫辭下無傳字，亦不能議其脫也。

公羊曰：「定哀多微辭。主人習其讀而問其傳，則未知己之有罪焉爾。」定公元年。 古代文字用少，雖著之傳，其辭仍甚簡略，而又不能無所隱諱若此，則不得不有藉於說明矣。漢書蔡義傳：「詔求能爲韓詩者。徵義待詔。久不進見。義上疏曰臣山東草萊之人，行能亡所比。容貌不及衆，然而不棄人倫者，竊以聞道於先師，自託於經術也。願賜淸閒之燕，得盡精思於前。上召見義，說詩。甚說之。」又儒林傳：「兒寬初見武帝。語經學。上曰吾始以尙書爲樸學，弗好。樸，卽老子「樸散而爲器」之樸。淮南精神注：「樸，猶質也。」所謂木不斲不成器也。此可見經而無傳，傳而無說，卽成爲無謂之物。及聞寬說，可觀。乃從寬問一篇。」並可見漢世傳經，精義皆存於說。漢儒所由以背師說爲大戒也。凡說，率多至漢師始著竹帛。以前此未著竹帛，故至漢世仍謂之說也。夏侯勝受詔撰尙書論語說；漢書本傳。劉向校書，「考易說，以爲諸家易說，皆祖田何楊叔丁將軍，大義略同，惟京氏爲異黨。焦延壽獨得隱士之說，託之孟氏，不相與同」儒林傳。是也。漢書王莽傳：莽上奏曰：「殷爵三等，有其說，無其文。」又羣臣請安漢公居攝如天子之奏曰：「書曰：我嗣事子孫，大不克共上下，遏失前人光，在家不知命不易。天應棐諶，乃亡隊命。說曰：周公服天子之冕，南面而朝羣臣。發號施令，常稱王命。召公賢人，不知聖人之意，故不說也。」然則說可引據，亦同於傳。蓋傳卽先師之說；說而著之竹帛，亦卽與傳無異耳。漢人爲學，必貴師傳，正以此故。劉歆等首唱異說，其所以攻擊今文師法，卽背師說也。

傳附庸於經，記與經則爲同類之物，二者皆古書也。記之本義，蓋謂史籍。公羊僖公二年：「宮之奇諫曰：記曰：脣亡而齒寒。」解詁：「記，史記也。」史記二字，爲漢時史籍之通稱，猶今言歷史也。」韓非子忠孝：「記曰：舜見瞽瞍，其容造焉。孔子曰：當是時也，危哉，天下岌岌。」此語亦見孟子萬章上篇。咸丘蒙以問孟子，孟子斥爲齊東野人之語。古亦稱史記爲語，可爲解詁之證。記字所苞甚廣，宮之奇咸丘蒙所引，蓋記言之史，小說家之流，其記典禮者，則今所謂禮記是也。記與禮實非異物，故古人引禮者或稱記，引記者亦或稱禮。詩采繁箋引少牢饋食禮稱禮記。聘禮注引聘義作聘禮。又論衡祭意引禮記祭法，皆稱禮。禮記中投壺奔喪，鄭謂皆同逸禮；而曲禮首句，卽曰「曲禮曰，」可見禮與記之無別也。今儀禮十七篇，惟士相見，大射，少牢饋食，有司徹四篇無記。宋儒熊氏朋來之說。凡記皆記經所不備，兼記經外遠古之言。鄭注燕禮云：「後世衰微，幽厲尤甚，禮樂之書，稍稍廢棄。蓋自爾之後有記乎？士冠禮疏。文王世子引世子之記，鄭注曰：「世子之禮亡，此存其記。」蓋著之竹帛之時，有司猶能陳其數；或雖官失其守，而私家猶能舉其本末，如孺悲學士喪禮於孔子。則謂之禮；而不然者，則謂之記耳。記之爲物甚古，故亦自有傳。士冠禮疏：「喪服記子夏爲之作傳，不應自造還自解之。記當在子夏之前，孔子之時，未知定誰所錄。」

案古書多有傳說，已見前。記之傳，或孔門錄是記者爲之，或本有而錄是記者幷錄之，俱未可定也。而禮記又多引舊記也。如文王世子引世子之記，又引記曰：「虞夏商周，有師保，有疑丞」云云。祭統引記曰：「齊者不樂；」又引記曰：「嘗之日，發公室」云云皆是。

傳說同類，記以補經不備，傳則附麗於經，故與經相輔而行之書，亦總稱爲傳記。如劉歆移太常博士所言是也，河間獻王傳，並稱經傳說記，傳蓋指古書固有之傳而言，如前所引軼詩傳及孔子所序之書傳是。其孔門所爲之傳，蓋苞括於說中。

大義存於傳，不存於經。試舉一事爲徵。堯典究有何義？非所謂尙書樸學者邪？試讀孟子萬章上篇，則禪讓之大義存焉。夷考伏生書傳，史記五帝本紀，說皆與孟子同，蓋同用孔門書說也。此等處，今人必謂伏生襲孟子，史公之襲伏生。殊不知古代簡策，流傳甚難；古人又守其師說甚固。異家之說，多不肯妄用，安得互相勦襲，如此之易。史公說堯舜禪讓，固同孟子矣。而其說伊尹，卽以割烹要湯爲正說，與孟子正相反，何又忽焉立異乎？可見其說禪讓事，乃與孟子所本者同，而非卽用孟子矣。經義幷有儒家失傳，存於他家書中者。呂覽多儒家言，予別有考。今尙書甘誓，徒讀其本文，亦絕無意義。苟與呂覽先己參看，則知孔子之序是篇，蓋取退而修德之意矣。傳不足以盡義，而必有待於說，試亦引一事爲徵。王魯，新周，故宋，非春秋之大義乎？然公羊無其文也，非繁露其孰能明之。三代改制質文篇。案亦見史記孔子世家。又樂緯動聲儀，有先魯後殷，新周故宋之文，見文選潘安仁笙賦注。古人爲學，所以貴師承也。後人率重經而輕傳說，其實二者皆據。殊不知孔門之經，雖係古籍；其文字未必一仍其舊。試觀堯典禹貢，文字反較殷盤周誥爲平易可知。而古籍之口耳相傳，歷久而不失其辭者，亦未必不存於傳說記之中也。然則欲考古事者，偏重經文，亦未必遂得矣。史記孔子世家：「孔子在位，聽訟文辭，有可與人共者，不獨有也。至於爲春秋，筆則筆，削則削，子夏之徒，不能贊一辭。」公羊昭十二年疏，引春秋說云：「孔子作春秋，一萬八千字，九月而書成。以授游夏之徒。游夏之徒，不能改一字。然則相傳以爲筆削皆出孔子者，惟春秋一經。餘則刪定之旨，或出孔子，其文辭，必非孔子所手定也，卽游夏不能改一字，亦以有關大義者爲限。若於義無關，則文字之出入，古人初不深計。不獨文字，卽事物亦有不甚計較者。呂不韋聚賓客著書，旣成，布咸陽市門，縣千金其上，延諸侯游士賓客，有能增損一字者予千金。高誘注多摘其誤，謂揚子雲恨不及其時，車載其金。殊不知不韋所求，亦在能糾正其義；若事物之誤，無緣舉當時游士賓客，不及一揚子雲也。子雲旣沾沾自喜，高誘又津津樂道，此其所以適成爲子雲及高氏之見也。

翼經之作，見於漢志者：曰外傳，曰雜傳，蓋摭拾前世之傳爲之。漢書儒林傳：「韓嬰推詩人之意而作內外傳數萬言。」又曰：「韓生亦以易授人，推易意而爲之傳。」一似其傳皆自爲之者。然韓詩外傳見存，大抵徵引成文，蓋必出自前人，乃可謂之傳也。曰傳記，曰傳說，則合傳與記說爲一書者也。曰說義，蓋說之二名。曰雜記，則記之雜者也。曰故，曰解故，以去古遠，故古言有待訓釋，此蓋漢世始有。曰訓傳，則兼訓釋古言及傳二者也。毛傳釋字義處爲詁訓。間有引成文者，如小弁緜之引孟子，行葦之引射義，瞻卬之引祭義，閟宮之引孟仲子，則所謂傳也。

漢志春秋有左氏微二篇，又有鐸氏微三篇，張氏微十篇，虞氏微傳二篇。微，蓋卽定哀多微辭之微，亦即劉歆移太常博士，所謂仲尼沒而微言絕者也。定哀之間，辭雖微，而其義則具存於先師之口說，何絕之有？易世之後，忌諱不存，舉而筆之於書，則即所謂傳也。安用別立微之名乎？今左氏具存，解經處極少，且無大義，安有微言？張氏不知何人。鐸氏，注曰：「楚太傅鐸椒。」虞氏，注曰：「趙相虞卿。」史記十二諸侯年表曰：「鐸椒為楚威王傅，為王不能盡觀春秋，采取成敗，卒四十章，為鐸氏微。趙孝成王時，其相虞卿，上采春秋，下觀近勢，亦著八篇，為虞氏春秋。」二書與孔子之春秋何涉？鐸氏之書自名微，非其書之外，別有所謂微者在也。今乃舉左氏張氏虞氏之書，而皆為之微；虞氏且兼為之傳；其為妄人所託，不問可知。猶之附麗於經者為傳說，補經之不備者為記，本無所謂緯，而漢末妄人，乃集合傳說記之屬，而別立一緯之名也。要之多立名目以自張，而排斥異己而已。故與經相輔而行之書，實盡於傳說記三者也。

傳說記三者，自以說為最可貴。讀前文自見。漢世所謂說者，蓋皆存於章句之中。章句之多者，輒數十百萬言；而漢書述當時儒學之盛，謂「一經說至百萬餘言」，儒林傳。可知章句之即說。枝葉繁滋，誠不免碎義逃難，博而寡要之失。然積古相傳之精義，則於此存焉。鄭玄釋春秋運斗樞云：「孔子雖有盛德，不敢顯妄，而其爲物，則固爲今文經説之薈萃。使其具存，其可寶當尙在白虎通義之上也。乃以與讖相雜，盡付一炬，亦可哀矣。

第三節　曾子

孔門諸子，達者甚多。然其書多不傳於後。其有傳而又最足見儒家之精神者，曾子也。今先引其行事三則，以見其爲人。

論語里仁：「曾子有疾，召門弟子曰：啓予足。啓予手，詩曰：戰戰兢兢，如臨深淵，如履薄冰。而今而後，吾知免夫！小子。」

禮記檀弓：「曾子寢疾，病。樂正子春坐於牀下，曾元曾申坐於足，童子隅坐而執燭。童子曰：華而睆，大夫之簀與？子春曰：止。曾子聞之，瞿然曰：呼。曰：華而睆，大夫之簀與？曾子曰：然，斯季孫之賜也，我未之能易也。元起易簀。曾元曰：夫子之病亟矣，不可以變。幸而至於旦，請敬易之。曾子曰：爾之愛我也不如彼。君子之愛人也以德，細人之愛人也以姑息。吾何求哉？吾得正而斃焉，斯已矣。舉扶而易之，反席未安而沒。」又：「子夏喪其子而喪其明。曾子弔之，曰：吾聞之也，朋友喪明則哭之。曾子哭，子夏亦哭，曰：天乎！予之無罪也。曾子怒曰：商，女何無罪也？吾與女事夫子於洙泗之間，退而老於西河之上，使西河之民，疑女於夫子，爾罪一也。喪爾親，使民未有聞焉，爾罪二也。喪爾子，喪爾明，爾罪三也。而曰：女何無罪與？子夏投其杖而拜，曰：吾過矣！吾過矣！吾離羣而索居，亦已久矣夫！」夫字當屬此句。今人屬下「晝居於內」讀，非也。

前兩事見其律己之精嚴，後一事見其待人之剛毅。此等蓋皆儒家固有之風概。非必孔子所教也。大凡封建及宗法社會中人，嚴上之精神，最爲誠摯；而其自視之矜重，亦異尋常。此皆社會等級之制，有以養成之也。人之知識不高，而性情篤厚者，於社會公認之風俗，守之必極嚴。至於曠代之哲人，則必能窺見風俗之原，斷不視已成之俗爲天經地義。故言必信，行必果，孔子稱爲硜硜然小人。論語憲問。以其爲一節之士也。曾子蓋知識不高，性情篤厚者，故竊疑其所操持踐履，得諸儒家之舊風習爲多，得諸孔子之新教義者爲少也。

儒家所傳孝經，託爲孔子啓示曾子之辭，未知信否。古人文字，往往設爲主客之辭；而其所設主客，又往往取實有之人，不必如西漢人造作西都賓，東都主人，烏有先生等與前所引之事，可以參看。大孝篇同小戴祭義。本孝立孝事父母，意亦相同，天圓篇單離居問於曾子曰：「天圓而地方者，誠有之乎？」曾子曰：「如誠天圓而地方，則是四角之不揜也。」今之談科學者，頗樂道之。然天圓地方，本哲學家語，猶言天動地靜，指其道非指其形。若論天地之形，則蓋天渾天之說，本不謂天圓而地方，初不待此篇爲之證明也。

曾子爲深入宗法社會之人，故於儒家所謂孝道者，最能身體力行，又能發揮盡致，此是事實。然如胡適之中國哲學史大綱，謂孔門之言孝，實至曾子而後圓滿，則又非是。學問亦如事功，有其創業及守成之時代。創業之世，往往異說爭鳴，多闢新見。守成之世，則謹守前人成說而已。人之性質，亦有有所創闢者，有僅能謹守前人之說者，昔人所謂作者述者是也。學問隨時代而變化，立說恆後密於前，通長期而觀之，誠係如此。若在短時期之中，則有不盡然者。豈惟不能皆度越前人，蓋有幷前人之成說而不能保守者矣。自孔子以後，直至兩漢時之儒學，即係如此。試博考儒家之書可知。近人多泥進化之說，謂各種學說，皆係逐漸補苴添造而成。殊不知論事當合各方而觀之，不容泥其一端也。夫但就現存之書觀之，誠若孔門之言孝，至曾子而益圓滿者，然亦思儒家之書，存者不及什一。豈可偏據現存之書，即謂此外更無此說乎？兩漢人說，大抵陳陳相因。其藍本不存者，後世即皆謂其所自爲。偶或偏存，即可知其皆出蹈襲。如賈誼奏議，或同大戴，或同管子是也。兩漢如此，而況先秦？豈得斷曾子之說，爲非孔子之言邪？不徒不能斷爲非孔子之言，或其言並不出於孔子，乃宗法社會舊有之說，當時之儒者傳之，孔子亦從而稱頌之，未可知也。

儒家論孝之說，適胡之頗訾之，謂其能消磨勇往直前之氣。引「王陽爲益州刺史，行至邛郲九折阪，歎曰：奉先人遺體，奈何數乘此險？後以病去」爲徵。然曾子曰：戰陳無勇非孝也，祭義乃正教人以勇往冒險，何邪？蓋封建時代之士夫，率重名而尚氣。即日詔以父母之當奉養，臨難仍以奮不顧身者爲多。曾子曰：「孝有三：大孝尊親，其次不辱，其下能養」同上是也。封建時代漸遠，商業資本大興，慷慨矜懻之氣，漸即消亡；人皆輕虛名而重實利；即日日提倡非孝，亦斷無勇往冒險者。此自關社會組織之變遷，不能歸咎於儒家之學說也。

胡君又謂曾子之言，皆舉孝字以攝諸德，一若人之爲善，非以其爲人故，乃以其爲父母之子故。此自今日觀之，誠若可怪。然又須知古代社會，通功易事，不如後世之繁；而惇宗收族，則較後世爲切。故並世之人，關係之儒者固有之說也。

第四節　孟子

孔子弟子著名者，略見史記仲尼弟子列傳。自孔子歿後至漢初，儒學之盛衰傳授，略見史記儒林列傳。然皆但記其事迹，不及其學說。儒家諸子，除二戴記中收容若干篇外，存者亦不多。其最有關係者，則孟荀二子也。而孟子之關係尤大。

孟子，史記云：「受業子思之門人。」子思，孔子世家言其作中庸；隋書經籍志言：表記坊記緇衣皆子思作。釋文引劉瓛，則謂緇衣爲公孫尼子作。未知孰是。要之中庸爲子思作，則無疑矣。中庸爲孔門最高之道，第二節已論之。今故但論孟子。

孟子之功，在發明民貴君輕之義。此實孔門書說，已見第二節。然書說今多闕佚，此說之能大昌於世，實孟子之力也。次則道性善。

先秦論性，派別頗繁。見於孟子書者，凡得三派：一爲告子，謂性無善無不善。二三皆但稱或人，一謂性可以爲善，可以爲不善；一謂有性善，有性不善。皆因公都子之問而見，見告子上篇。

如實言之，則告子之說，最爲合理。凡物皆因緣際會而成，人性亦猶是也。人性因行爲而見，行爲必有外緣，除卻外緣，行爲並毀，性又何從而見？告子曰：「性，猶湍水也，決諸東方則東流，決諸西方則西流。人性之無分於善不善也，猶水之無分於東西也。」此說最是。性猶水也；行爲猶流也；決者，行爲之外緣；東西其善惡也。水之流，不能無向方。人之行爲，不能無善惡。既有向方，則必或決之。既有善惡，則必有爲之外緣者。問無決之者，水之流，向方若何？無外緣，人之行爲，善惡如何？不能答也。必欲問之，祇可云：是時之水，有流性而無方向；是時之性，能行而未有善惡之可言而已。佛家所謂「無明生行」也。更益一辭，卽成贅語。孟子駁之曰：「水，信無分於東西，無分於上下乎？人性之善也，猶水之就下也。人無有不善，水無有不下。今夫水，搏而躍之，可使過顙；激而行之，可使在山；是豈水之性哉？其勢則然也。人之可使爲不善，其性亦猶是也。」誤矣。水之過顙在山，固由搏激使然，然不搏不激之時，水亦自有其所處之地，此亦告子之所謂決也。禹疏九河，瀹濟漯而注之海，有所謂水者，試問此水，將向何方？孟子能言之乎？故孟子之難，不中理也。

「可以爲善可以爲不善」蓋世碩等之說。論衡本性云：「周人世碩，以爲人性有善有惡。舉人之善性，養而致之，則善長；舉人之惡性，養而致之，則惡長。故世子作養書一篇。宓子賤漆雕開公孫尼子之徒，亦論情性，與世子相出入。」董仲舒之論性也，謂天兩有陰陽之施，人亦兩有貪仁之性，亦是說也。董子論性，見春秋繁露深察名號實性兩篇。此說與告子之說，其實是一。董子論性，本諸陰陽。其論陰陽，則以爲一物而兩面，譬諸上下，左右，前後，表裏。繁露基義然則舉此不能無彼，相消而適等於無，仍是無善無惡耳。故告子謂「生之謂性，」董子亦謂「如其生之自然之資謂之性，」如出一口也。然其意同而其言之有異者，何也？蓋此派之說，非徒欲以明性，并欲勉人爲善也。夫就性之體言之，則無所謂善惡；就人之行爲言，則有善亦有惡；此皆彰明較著無可辯論之事實。而人皆求善去惡之心，亦莫知其所以然而然，而人莫不然。此皆無可再推，祇能知其如是而已。董子就其可善可惡者而譬諸陰陽，就其思爲善去惡者，而譬諸天道之禁陰，此卽佛家以一心開眞如生滅兩門，謂無明熏眞如而成迷，眞如亦可還熏無明而成智也。告子曰：「性猶杞柳也，義猶桮棬也，以人性爲仁義，猶以杞柳爲桮棬。」此卽董子禾米，卵雛，繭絲之喻。特米成而禾不毀，杯棬則非杞柳所自爲，其喻不如董子之善，故招孟子「戕賊人以爲仁義」之難耳。

「有性善有性不善，」其說最低。蓋善惡不過程度之差，初非性質之異，固不能有一界綫焉，以別其孰爲善，孰爲惡也。故此說不足論。

據理論之，告子之說，固爲如實；然孟子之說，亦不背理。何者？孟子據人之善端而謂性爲善，夫善端固亦出於自然，非由外鑠也。孟子謂惻隱，羞惡，辭讓，是非之心，爲人所同具；而又爲良知良能，不待學，不待慮。夫此四端，固聖人之所以爲聖人者。然則我之未能爲聖人，特於此四端，尙未能擴而充之耳；謂聖人之所以爲聖人之具，而我有所欠闕焉，夫固不可。故曰：「聖人與我同類者。」又曰：「富歲子弟多賴，凶歲子弟多暴，非天之降材爾殊也，其所以陷溺其心者然也。」告子上。後來王陽明創致良知之說，示人以簡易直捷，超凡入聖之途，實孟子有以啓之。其有功於世道人心，固不少也。

孟子之大功，又在嚴義利之辨。首篇載孟子見梁惠王。王曰：「叟，不遠千里而來，亦將有以利吾國乎？」

謂爲仁義者，乃以其終可得利而爲之；戒言利者，乃以其終將失利而戒之也。苟如是，則仍是言利矣。故又曰：「雞鳴而起，孳孳爲利者，蹠之徒也。雞鳴而起，孳孳爲義者，舜之徒也。欲知舜與蹠之分，無他，義與利之間也。」又曰：「生亦我所欲也，義亦我所欲也，二者不可得兼，舍生而取義者也。」其持之之嚴如此。爲義雖可得利，爲義者則不當計利，此卽董子「正其誼不謀其利」之說也。此亦孔門成說，論語「君子喻於義，小人喻於利」十字，已足苞之，特至孟子，乃更發揮透澈耳。義利之辨，正誼不謀利之說，最爲今之恃功利論者所詆訾。然挾一求利之心以爲義，終必至於敗壞決裂而後已。此今之所謂商業道德，而昔之所謂市道交者也，幾見有能善其後者乎？孟子之說，能使人心由此而純，其有功於社會，亦不少也。

孟子論政治，首重制民之產。必先有恆產，而後能有恆心，此卽孔門先富後教之義。其行之之法，則欲恢復井田。凡先秦諸子，無不以均平貧富，使民豐衣足食爲首務者。其方法則互異。主張恢復井田者，孟子也；開阡陌以盡地利者，商鞅也。主去關市之征，弛山澤之禁者，孟子也；主筦鹽鐵，官山海，制輕重斂散之權者，管子也。見第八章蓋一主修舊法，一主立新法耳。此爲儒法二家之異。直至漢世，賢良與桑弘羊之辯，猶是此二派之爭也。見鹽鐵論。

孟子修養功夫，盡於其告公孫丑二語，曰：「我知言，我善養吾浩然之氣。」知言者，知識問題；養氣者，道德問題也。「何謂知言？：曰詖辭，知其所蔽；淫辭，知其所陷；邪辭，知其所離；遁辭，知其所窮。」於事之非者，不徒知其非，且必明燭其非之所以然，此由其用心推考者深，故能如是也。孟子曰：「君子深造之以道，欲其自得之也。自得之，則居之安；居之安，則資之深；資之深，則取之左右逢其原。」可見孟子之於知識，皆再三體驗而得，迥異口耳之傳，浮光掠影者矣。其論浩然之氣曰：「其爲氣也，至大至剛以直養而無害，則塞於天地之間。」其論養之之術，則曰：「是集義所生者，非義襲而取之也，行有不慊於心，則餒矣。」其功夫尤爲堅實。孟子所以能「居天下之廣居，立天下之正位，行天下之達道；」「富貴不能淫，貧賤不能移，威武不能屈，」皆此集義之功夫爲之也。

「窮則獨善其身，達則兼善天下。」「禹稷顏子，易地則皆然。」出處進退之間，一一衷之於義，無絲毫急功近名之心，亦無絲毫苟安逃責之念，此即所謂「居易以俟命」者，故孟子確爲子思之嫡傳也。孟子曰：

一任自然而我初無容心於其間，則所處之境，盡是坦途。人人如此，則天下無一勉強之事，而決無後禍矣。此實與道家養生之論相通。可參看第一章第四節。

第五節　荀子

荀子之書，其出較晚，而多雜諸子傳記之辭。其書專明禮，而精神頗近法家。案古無所謂法，率由之軌範曰禮，出乎禮則入乎刑，禮家言之與法家相類，亦固其所。顧孔子言：「道之以政，齊之以刑，民免而無恥。道之以德，齊之以禮，有恥且格。」論語為政。則禮與刑之間，亦不能無出入。蓋一則導之向上，一則專恃威力以懾服之耳。荀子之書，狹隘酷烈之處頗多。孔門之嫡傳，似不如是。故予昔嘗疑為較早出之孔子家語也。見拙撰經子解題。

荀子最為後人所詆訾者，為其言性惡。其實荀子之言性惡，與孟子之言性善，初不相背也。偽非偽飾之謂，即今之為字。為之本義為母猴。蓋動物之舉動，有出於有意者，有不待加意者。其不待加意者，則今心理學家所謂本能也。其必待加意者，則荀子書所謂「心慮而能為之動，慮積焉能習焉而後成；」楊注所謂「非天性而人作為之」者也。動物舉動，多出本能。惟猿猴知識最高，出乎本能以外之行動最多，故名母猴曰為。其後遂以為人之非本能之動作之稱。故為字之本義，實指有意之行動言；既不該本能之動作，亦不涵偽飾之意也。古用字但主聲，為偽初無區別。其後名母猴曰爲之語亡，爲爲母猴之義亦隱，乃以爲爲作爲之爲，僞爲僞飾之僞。此自用字後起之分別，及字義之遷變。若就六書之例言之，則旣有僞字之後，作爲之爲，皆當作僞；其仍作爲者，乃省形存聲之例耳。

荀子謂「人性惡，其善者僞，」乃謂人之性，不能生而自善，而必有待於修爲耳。故其言曰：「塗之人可以爲禹則然，塗之人能爲禹，則未必然也。」譬之足，可以偏行天下，然而未有能偏行天下者。夫孟子謂性善，亦不過謂塗之人可以爲禹耳。其謂「生於人之情性者，感而自然，不待事而後生；感而不能然，必待事而後然者謂之僞，」則孟子亦未嘗謂此等脩爲之功，可以不事也。後人誤解僞字，因以詆諆荀子，誤矣。

荀子之言治，第一義在於明分。王制篇曰：「人力不若牛，走不若馬，而牛馬爲用，何也？曰：人能羣，彼不能羣也。人何以能羣？曰分。分何以能行？曰義。義以分則和，和則一；一則多力；多力則彊；彊則勝物。勝，平聲。物，事也。故羣而無分則爭；爭則亂；亂則離；離則弱；弱則不能勝物。君者，善羣也。羣道當，則萬物皆得其宜，六畜皆得其長，羣生皆得其命。」富國篇曰：「天下害生縱欲。欲惡同物。欲多而物寡，則必爭矣。故百技所成，所以養一人也；而能不能兼技，人不能兼官；離居不相待則窮，羣而無分則爭。窮者患也，爭者禍也。救患除禍，則莫若明分使羣矣。」又曰：「足國之道：節用裕民，而善臧其餘；上以法取焉，而下以禮節用之。量地而立國，計利而畜民，度人世，蕩蕩平平，絕無階級，人不見有侈於己者，則欲不萌，人非以威壓故而不敢逾分，則其所謂分者，不待有人焉以守之而自固。此大同之世所以無待於有禮。至於小康之世，則階級既萌；勞逸侈儉，皆不平等。人孰不好逸而惡勞？孰不喜奢而厭儉？則非制一禮焉，以爲率由之軌範，而强人以守之不可。雖率循有禮，亦可以致小康，而已落第二義矣。此孔子所以亟稱六君子之謹於禮，而終以爲不若大道之行也。荀子所明，似偏於小康一派，故視隆禮爲極則，雖足矯亂世之弊，究有慚於大同之治矣。

大同之世，公利與私利同符，故其趨事赴功，無待於敎督。至小康之世，則不能然；故荀子最重人治。天論篇曰：「天行有常，不爲堯存，不爲桀亡。應之以治則吉，應之以亂則凶。强本而節用，則天不能貧；養備而動時，則天不能病；脩道而不貳，則天不能禍。故水旱不能使之飢渴，寒暑不能使之疾，祆怪不能使之凶。」「天有其時，地有其財，人有其治，夫是之謂能參。舍其所以參，而願其所參，則惑矣。」其言雖不免有矜厲之氣，要足以愧末世之般樂怠敖者也。

荀子專隆禮，故主張等級之治。其言曰：「夫貴爲天子，富有天下，是人情之所同欲也。然則從人之欲？則勢不能容，物不能贍也。故先王案爲之制禮義以分之。使有貴賤之等，長幼之差，知愚能不能之分；皆使人載其事，而各得其宜；是夫羣居和一之道也。故仁人在上，則農以力盡田；賈以察盡財；百工以巧盡械器；士大夫以上，至於公侯，莫不以仁厚知能盡官職，夫是之謂至平。故或祿以天下，而不自以爲多；或監門御旅，抱關擊柝，而不自以爲寡。故曰：斬而齊，枉而順，不同而一。夫是之謂至平。」（榮辱）。其言似善矣。然豈知大同之世，「人不獨親其親，不獨子其子；貨惡其棄於地也，不必藏於己；力惡其不出於身也，不必爲己；」則雖出入鞅掌，而亦不自以爲多；雖假仰笑敖，而亦不自以爲寡。既無人我之界，安有功罪可論？又安有計勞力之多寡，以論報酬之豐嗇者邪？

隆禮則治制必求明備，故主法後王。所謂後王，蓋指三代。書中亦屢言法先王，蓋對當時言之，則稱先王；對五帝言之，則稱後王也。非相篇曰：「欲觀聖王之跡，則於其粲然者矣，後王是也。」「五帝之外無傳人，非無賢人也，久故也。五帝之中無傳政，非無善政也，久故也。禹湯有傳政，而不若周之察也，非無善政也，久故也。傳者久則論略，近則論詳。」（韓詩外傳論作愈。）「略則舉大，詳則舉小。」此其法後王之故也。有謂古今異情，治亂異道者，其狹隘酷烈最甚者，則爲非象刑之論。其說見於正論篇。其言曰：「世俗之爲說者曰：治古無肉刑而有象刑。是不然。以爲治邪？則人固莫敢觸罪，非獨不用肉刑，亦不用象刑矣。以爲人或觸罪矣，而直輕其刑，然則是殺人者不死，傷人者不刑也。罪至重而刑至輕，庸人不知惡矣。亂莫大焉。凡刑人之本，禁暴惡惡，且徵其未也。殺人者不死，而傷人者不刑，是謂惠暴而寬賊也，非惡惡也。故象刑殆非生於治古，並起於亂今也。治古不然。凡爵列官職，賞慶刑罰，皆報也，以類相從者也。一物失稱，亂之端也。殺人者死，傷人者刑，是百王之所同也，未有知其所由來者也。刑稱罪則治，不稱罪則亂。故治則刑重，亂則刑輕。犯治之罪固重，犯亂之罪固輕也。書曰：刑罰世輕世重，此之謂也。」案尚書大傳言：「唐虞上刑赭衣不純，中刑雜屨，下刑墨幪。」此即漢文帝十三年除肉刑之詔所謂「有虞氏之時，畫衣冠異章服以爲戮而民弗犯」者，乃今文書說也。古代社會組織安和，風氣誠樸，人莫觸罪，自是事實。今之治社會學者，類能言之。赭衣塞路，囹圄不能容，乃社會之病態。刑罰隨社會之病態而起而繁，乃顯然之事實，古人亦類能言之，何莫知其所由來之有？荀子所說，全是末世之事，乃轉自託於書說，以攻書說，謬矣。此節漢書刑法志引之。漢世社會，貧富不平，豪桀犯法，獄訟滋多。懲其弊者，乃欲以峻法嚴刑，裁抑一切。此自救時之論，有激而云。若謂先秦儒家，有此等議論，則似遠於情實矣。予疑荀子書有漢人依託處，實由此悟入也。

荀子書中，論道及心法之語最精。此實亦法家通常之論。蓋法家無不與道通也，管子書中，正多足與荀子媲美者。特以荀子號稱儒書；而其所引道經，又適爲作僞古文尚書者所取資，故遂爲宋儒理學之原耳。然荀子此論，實亦精絕。今摘其要者如下：天論篇曰：「天職既立，天功既成，形具而神生，好惡喜怒哀樂臧焉，夫是之謂天情。耳目鼻口形能，各有接而不相能也，夫是之謂天官。心居中虛，以治五官，夫是之謂天君。財非其類以養其類，夫是之謂天養。順其類者謂之福，逆其類者謂之禍，夫是之謂天政。聖人淸其天君，正其天官，備其天養，順其天政，養其天情，以全其天功。如是，則知其所爲，知其所不爲矣；則天地官而萬物役矣。」此從一心推之至於至極之處，與中庸之「致中和，天地位焉，萬物育焉」同理。道家亦常有此論。此儒道二家相通處也。解蔽篇曰：「故治之要，在於知道。人何以知道？曰心。心何以知道？曰虛壹而靜，虛壹而靜，謂之大淸明。萬物莫形而不見，莫見而不倫，莫倫而失位。心者，形之君也，而神明之主也。出令而無所受令。自禁也，自使也；自而不可以爲田師。賈精於市，而不可以爲市師。工精於器，而不可以爲器師。有人也，不能此三技，而可使治三官，曰：精於道者也。故君子壹於道而以贊稽物。故道經曰：人心之危，道心之微。危微之幾，惟明君子而後能知之。故人心譬如槃水，正錯而勿動，則湛濁在下，而清明在上，則足以見鬚眉而察理矣。微風過之，湛濁動乎下，清明亂於上，則不可得大形之正也。」此篇所言治心之法，理確甚精。宋儒之所發揮，舉不外此也。然此爲荀子書中極至之語。至其通常之論，則不貴去欲，但求可節，見正名篇。仍禮家之論也。

第三章 法家

法家之學，漢志云：「出於理官，」此其理至易見。漢志所著錄者，有李子三十二篇，商君二十九篇，申子六篇，處子九篇，愼子四十二篇，韓子五十五篇，游棣子一篇。今惟韓子具存。商君書有闕佚。愼子闕佚尤甚。管子書漢志隸道家，然足考見法家言處甚多。大抵原本道德，管子最精；按切事情，韓非尤勝。商君書精義較少。欲考法家之學，當重管韓兩書已。

法家爲九流之一，然史記以老子與韓非同傳，則法家與道家，關係極密也。名法二字，古每連稱，則法家與名家，關係亦極密也。蓋古稱兼該萬事之原理曰道，道之見於一事一物者曰理，事物之爲人所知者曰形，人之所以稱之之辭曰名。以言論思想言之，名實相符則是，不相符則非。就事實言之，名實相應則治，不相應則亂，就世人之言論思想，察其名實是否相符，是爲名家之學。持是術也，用諸政治，以綜覈名實，則爲法家之學。此名法二家所由相通也，世每稱刑名之學。刑實當作形。觀尹文子大道篇可知。尹文子未必古書，觀其詞氣，似南北朝人所爲。然其人實深通名法之學。其書文辭不古。而其說則有所本也。法因名立，名出於形，形原於理，萬事萬物之成立，必不能與其成立之原理相背。理一於道，衆小原則，統於一大原則。故名法之學，仍不能與道相背也。韓非有解老喻老二篇，最足見二家之相通。

韓非子楊榷篇，中多四言韻語，蓋法家相傳誦習之辭。於道德名法一貫之理，發揮最爲透切。今試摘釋數語如下：楊榷篇曰：「道者弘大而無形，德者覈理而普至，至於羣生，斟酌用之。」此所謂道，爲大自然之名。萬物之成，各得此大自然之一部分，則所謂德也。物之既成，必有其形。人之所以知物者，恃此形耳。形萬殊也，則必各爲之名。名因形立，則必與形合，而後其名不譌。故曰：「名正物定，名倚物徙」也。名之立雖因形，然及因形立，而既立之後，又與形爲二物，則因其形固可以求其名，因其名亦可以責其形。如向所未見之物，執其名，亦可赴市求之。故曰：「君操其名，臣效其形。」吾操是名以責人，使效其形；人之效其形者，皆與吾所操之名相合，則名實相符而事治；否則名實不符而事亂矣。故曰：「形名參同，上下和調」也。臣之所執者一事，則其所效者一形耳。而君則兼操衆事之名，以責羣臣之各效其形，是臣猶之萬物，而君猶之兼該萬物之大自然。兼該萬物之大自然，豈得自同於一物？故曰：「道不同於萬物，德不同於陰陽，衡不同於輕重，繩不同於出入，和不同於燥溼，君不同於羣臣」也。然則人君之所操者名，其所守者道也。故曰：「明君貴獨道之容。」抑君之所守者道，而欲有所操，以責人使效其形，則非名固末由矣。故曰：「用一之道，以名爲首」也。萬物各有所當效之形，猶之欲成一物者，必有其模範。法之本訓，爲規矩繩尺之類，見管子七法篇：禮記少儀：「工依於法。」注：「法，謂規矩繩尺之類也。」周官：掌次，「掌王次之法，」注，「法，大小丈尺。」實卽模範之義。萬物所當效之形，卽法也。此道德名法之所以相通也。

法術二字，混言之，則法可以該術；析言之，則二者各有義。韓非子定法篇曰：「今申不害言術，而公孫鞅爲法。術者，因任而授官，循名而責實，操殺生之柄，課羣臣之能者也。此人主之所執者也。法者，憲令著於官府，刑罰必於民心；賞存乎愼法，而罰加乎姦令者也。此臣之所師也。韓者，晉之別國也。晉之故法未息，而韓之新法又生；先君之令未收，而後君之令又下。雖十使昭侯用術，而姦臣猶有所譎其辭矣。公孫鞅之治秦也，其國富而兵強。然而無術以知姦，則以其富強也資人臣而已矣。及孝公商君死，惠王卽位，秦法未敗也，而張儀以秦殉韓；魏惠王死，武王卽位，甘茂以秦殉周；武王死，昭襄王卽位，穰侯越韓魏而東攻齊，五年，而秦不益尺土之地，乃成其陶邑之封；應侯攻韓，八年，成其汝南之封。自是以來，諸用秦者，皆應穰之類也。故戰勝則大臣尊，益地私封立。」論法術之別，最爲明白。要而言之：則法者，所以治民；術者，所以治治民之人者也。

古代刑法，恆不公布。觀左氏載子產作刑書，而叔向譏之；范宣子鑄刑鼎，而孔子非之，可見反對刑法公布者，以爲如是，則民知其所犯之輕重而不之畏，不如保存其權於上，可用不測之罰以威民也。殊不知刑法不公布，而決於用法者之心，則其刑必輕重不倫；卽持法至平，民亦將以爲不倫也，況其不能然乎？刑法輕重不倫，則其有罪而幸免者，有無罪而受罰者。有罪而幸免，將生其僥倖之心；無罪而受罰，民益將挺而走險；法之不爲人所重，且彌甚矣。制法亦無一定程序。新法故法，孰爲有效不可知。法律命令，蓋亦紛然錯出。讀漢書刑法志可知。此雖漢時情形，然必自古如此。而漢人沿襲其弊也。故其民無所措手足。此法家之所由生。又治人者與治於人者，其利害恆相反。後世等級較平，治人者退爲治於人者，治於人者進爲治人者較易；古代則行世官之法，二者之地位，較爲一定而不移，故其利害之相反愈法家精義，在於釋情而任法。蓋人之情，至變者也。喜時賞易濫，怒時罰易酷，論吏治者類能言之。人之性寬嚴不同，則尤爲易見矣。設使任情爲治，即令斟酌至當，終不免前後互殊；而尋失其平，人伺其隙矣。法家之義，則全絕感情，一準諸法。法之所在，絲毫不容出入。看似不能曲當，實則合全局，通前後而觀之，必能大劑於平也。禮家之言禮曰：「衡誠懸，不可欺以輕重；繩墨誠陳，不可欺以曲直；規矩誠設，不可欺以方圓；君子審禮，不可誣以姦詐。」禮記經解。此數語，法家之論法，亦恆用之。蓋禮法之爲用雖殊，其爲事之準繩則一耳。職是故，法家之用法，固不容失之輕，亦斷不容畸於重。世每譏法家爲武健嚴酷，此乃法家之流失，非其本意也。至司馬談訊法家「絕親親之恩」；漢志亦謂其「殘害至親，傷恩薄厚，」則并不免階級之見矣。

自然力所以爲人所畏服者，實以其爲必至之符。人則任情爲治，不免忽出忽入，黠者遂生嘗試之念，愿者亦啟僥倖之心，而法遂隳壞於無形矣。設使人治之必然，亦如自然律之無或差忒，則必無敢僥倖嘗試者，國安得而不治？韓非子內儲說上曰：「董閼於爲趙上地守。行石邑山中，見深澗，峭如牆，深百仞。因問其旁鄉左右曰：人嘗有入此者乎？對曰：無有。曰：嬰兒盲聾狂悖之人，嘗有入此者乎？對曰：無有。牛馬犬彘，嘗有入此者乎？對曰：無有。董閼於喟然太息曰：吾能治矣。使吾法之無赦，猶入澗之必死也，則人莫之敢犯也，何爲不治？」此賞之所以貴信，罰之所以貴必也。不特此也。人有所求而無術以致之，固亦未嘗不可以偶遇。然此乃或然或不然之數，不足恃也。學問之道無他，求爲可必而已矣。韓非子顯學篇曰：「恃自直之箭，百世無矢；恃自圜之木，百世無輪矣。自直之箭，自圜之木，百世無有一，然而世皆乘車射禽者，隱栝之道用也。雖有不恃隱栝自直之箭，自圜之木，良工弗貴也。何則？乘者非一人，射者非一發也。」可謂言之深切著明矣。故法家之重人治，與其信賞必罰，理實相通，皆出於法自然之說者也。

法家貴綜覈名實，故其所欲考察者，恆爲實際之情形。執舊說而繆以爲是，法家所不取也。職是故，法家恆主張變法。韓非子曰：「古之毋變，常之毋易，在常古之可與不可。」南面 此即務察其實，而不眩於虛論之精神也。又曰：「凡人難變古者，憚易民之安也。夫不變古者，襲亂之迹；適民心者，恣姦之行。民愚而不知亂，上懦而不能更，是治之失也。人主者，明能知治，嚴必行之，故雖拂於民心，立其治。」此則既明實際之情形，而斷以行之者矣。商鞅吳起之徒，所以一出而收富國強兵之效者，以此。

爲然也，卽受治之人民亦然。故韓子又言「法爲人民所同惡。」此法術二家之所由相通也。臣主異利之義，韓非子八姦，姦劫弑臣，備內諸篇，言之最切。法爲臣民所同惡，見和氏篇。

職是故，法家之治民，乃主從大處落墨，而不主苟順民情。韓非子心度篇，謂「聖人之治民，度於本，不從其欲，期於民利」是也。今有孺子將入井，人見而止之，或不免嬰孺子之怒。然謂孺子之入井，爲有求死之心固不可。則止之若違其欲，實順其欲也。人孰不欲利？然能得利者卒寡，不能得利者卒多，何哉？昧於利不利之故，不知利之所在也。故順人之欲者，未必其爲利之；反人之欲者，未必其非利之也。特欲或隱而難見，或顯而易知。當其隱而未見之時，無從家喻戶曉耳。故曰：「凡民可與樂成，難與慮始。」此義主張太過，有時亦有流弊。蓋不從民欲，當以民利爲期。若逕以人民爲犧牲，則失其本意矣。韓非備內篇曰：「王良愛馬，爲其可以馳驅；句踐愛人，乃欲用以戰鬬。」卽坐此失。商君書弱民篇，主張尤偏。

凡爲國家社會之害者，非把持則僥倖之徒。把持謂已得地位之人，僥倖則未得地位，而思篡取之之人也。法術家務申國家社會之公利，故於此曹，最爲深惡痛絕。凡裁抑大臣之說，皆所以破把持；而力詆游士之言，則所以絕僥倖也。見韓非子五蠹篇。

韓非子問辯篇曰：「或問曰：辯安生乎？對曰：生於上之不明也。明主之國：令者，言最貴者也。法者，事最適者也。言無二貴，法不兩適，故言行而不軌於法令者必禁。若其無法令而可以接詐應變，生利揣事者，上必采其言而責其實。言當則有大利，不當則有重罪。是以愚者畏罪而不敢言，智者無以訟。此所以無辯之故也。亂世則不然。主有令而民以文學非之；官府有法，民以私行矯之。人主顧漸其法令，而尊學者之智行，此世之所以多文學也。夫言行者，以功用爲之彀的者也。今聽言觀行，不以功用爲之的彀，言雖至察，行雖至堅，則妄發之說也。亂世之聽言也，以難知爲察，以博文爲辨；其觀行也，以離羣爲賢，以犯上爲抗。是以儒服帶劍者衆，而耕戰之士寡。堅白無厚之辭章，而憲令之法息。」此說也，卽李斯之所以焚書。管子法禁，其說略同，可以參觀。知斯之行此，乃法家固有之義，而非以媚始皇矣。人性原有善惡兩面，法家則專見其惡，彼聞上令則各以學議之者，豈必以私計之便哉？亦或誠出於大公，冀以其所學，移易天下也，而自法家觀之，則恆以爲自便私圖之士，遂不得不取此一切之法矣。然韓子但欲采其言責其實，則似尚未欲一概禁絶之，而斯又變本加厲耳。言行以功用爲彀的，推之至極，遂至列文學於五蠹，目詩書爲六蝨，此亦失之太過。然韓子又曰：「糟糠亦人民之所託命也。韓子之意：當時上而貴臣，下而游士，無非國之蠹，民之賊者；惟法術之士爲不然。其說見於難言，孤憤，說難，姦劫弒臣，問田諸篇。此或亦實在之情形也。貴族腐敗不可救藥。游士則多數但爲身謀。

法家之言，皆爲君主說法，設君主而不善，則如之何？萬事一決於法，而持法者爲君主，設君主而壞法，則如之何？近之持立憲論者，每以是爲難。然此乃事實問題，不足以難法家也。何者？最高之權力，必有所歸。所歸者爲君主，固可以不善；所歸者爲他機關，亦可以爲不善。歸諸一人，固不免壞法；歸諸兩機關以上，豈遂必不能壞法？今之議會，不與政府狼狽爲奸乎？議會與政府，非遂無爭，又多各爲其私，非必爲國與民也。故曰：此事實問題也。

法之本義爲模範，乃有所作者之所當則。術之本義爲道路，則有所之者之所必由。自法術家言之，其學殆不可須臾離也。執法之不免拘滯，法家豈不知之？然終斤斤於是者，則以其所失少所得多也。韓非子曰：「釋法術而以治，堯舜不能正一國。去規矩而意度，奚仲不能成一輪。」用人 謂此矣。卽謂苟有堯舜，雖釋法術而心治，亦可正國；苟有奚仲，雖去規矩而意度，亦可成輪；然「堯舜桀紂，千世而一出；背法而待堯舜，是千世而一治；抱法而待桀紂，是千世而一亂也。」況乎釋法術，堯舜亦未必能治；即能治，亦事倍而功半耶？孟子曰：「離婁之明，公輸子之巧，不以規矩，不能成方圓。師曠之聰，不以六律，不能正五音。堯舜之道，不以仁政，不能平治天下。」其思想全與法家同。特又曰：「徒善不足以爲政，徒法不能以自行，」人與法並重，不如法家之側重於法耳。然苟法嚴令具，則雖得中主，亦可蒙業而安，此亦儒家所承認也。則法家所謂抱法而待桀紂，千世而一亂者，亦不背於儒也。

以上徵引，十九皆出韓非。以今所存法家之精義，多在此書也。至商君書之所論，則「一民於農戰」一語，足以盡之。史記商君列傳：「太史公曰：余讀商君開塞耕戰書，與其人行事相類。」索隱曰：「案商君書，開謂刑嚴峻則政化開，塞謂布恩惠則政化塞，其意本於嚴刑少恩；又爲田開阡陌，及言斬敵首賜爵；是耕戰書也。」釋開塞義，與今書開塞篇不合。晁公武郡齋讀書志，謂司馬貞未嘗見其書，妄爲之說。今案開塞耕戰，蓋總括全書之旨，非專指一兩篇。索隱意亦如此，晁氏自誤解也。然索隱釋開塞亦誤。尉繚子兵教下篇曰：「開塞，謂分地以限，各死其職而堅守。」此則開塞二字之古義也。商君書重農戰，度必有及分地堅守之說者；今其書偏亡，而其說遂不可見耳。

李子，漢志注云：「名悝，相魏文侯。」近人云：「食貨志言李悝爲魏文侯作盡地力之教，與史記貨殖傳慎到棄知去己，而緣不得已，已見第一章第六節。此爲道家言。呂覽慎勢，韓子難勢，皆引其言，則法家言也。慎勢篇：「慎子曰：今一兔走，百人逐之，非一兔足爲百人分也，由未定。（由同猶。）由未定，堯且屈力，而況衆人乎？積兔滿市，行者不顧，非不欲兔也，分已定矣。分已定，人雖鄙不爭。故治天下及國，在乎定分而已矣。」呂覽引此，爲「立天子不使諸侯疑焉，立諸侯不使大夫疑焉，立適子不使庶孽疑焉」之證。蓋位之所存，勢之所存，欲定於一，必先明分也。然則慎子勢治之論，卽是法家明分之義。荀子謂慎子「有見於後，無見於先」。（天論。）蓋指其道家言言之；又謂慎子「蔽於法而不知賢」。（解蔽。）則指其法家言言之也。此亦可見道法二家之相通也。（今本慎子五篇，皆普通法家言。）

第四章　名家

名家之書：漢志所著錄者，有鄧析二篇。尹文子一篇，公孫龍子十四篇，成公生五篇，惠子一篇，黃公四篇，毛公九篇。今惟公孫龍子，尚存殘本，餘則非亡卽僞矣。

鄧析之事，見於呂覽離謂。離謂篇曰：「子產治鄭，鄧析務難之。與民之有獄者約：大獄一衣，小獄襦袴。民之獻衣襦袴而學訟者，不可勝數，以非爲是，以是爲非。是非無度，而可與不可日變。所欲勝因勝，所欲罪因罪。鄭國大亂，民日讙譁。子產患之，於是殺鄧析而戮之。民心乃服，是非乃定，法律乃行。」荀子宥坐，說苑指武，列子力命，亦謂鄧析爲子產所殺。據左氏，則昭公二十年子產卒，定公九年，駟顓乃殺鄧析。二者未知孰是。要之鄧析爲鄭執政者所殺，則似事實也。其書隋志一卷。今本仍一卷，二篇。辭指平近，不類先秦古書。蓋南北朝人所僞爲，故唐以來各書徵引多同也。

尹文子，漢志云：「說齊宣王，先公孫龍。」莊子天下，以宋鈃尹文並舉。呂覽正名，則以尹文所說者爲齊湣王。曰：「齊王謂尹文曰：寡人甚好士。尹文曰：願聞何謂士？王未有以應。尹文曰：今有人於此：事親則孝，事君則忠，交友則信，居鄉則悌。有此四行者，可謂士乎？齊王曰：此眞所謂士已。尹文曰：王得若人，肯以爲臣乎？王曰：所願而不能得也。尹文曰：使若人於廟朝中，深見侮而不鬬，王將以爲臣乎？王曰：否。夫見侮而不鬬，則是辱也。辱則寡人弗以爲臣矣。尹文曰：雖見侮而不鬬，未失其四行也。未失其四行，是未失其所以爲士一矣。未失其所齊王無以應。」高注曰：「尹文，齊人，作名書一篇。在公孫龍前，公孫龍稱之。」則漢志所謂尹文說齊宣王者，卽指呂覽所載之事。一云宣王，一云湣王，古書此等處，大抵不能精審也。高氏說既與漢志合，則其所謂名書者，亦必卽漢志所謂尹文子矣。今所傳尹文子分二篇，言名法之理頗精，而文亦平近。疑亦南北朝人所爲，故羣書治要已載之也。

公孫龍子說趙惠王偃兵，見呂覽審應覽；說燕昭王偃兵，見呂覽應言；與孔穿辨論，見呂覽淫辭。其書存者六篇。篇數與漢志不符，其辭容有附益，然大體非後人所能爲。呂覽高注，謂尹文在公孫龍前，公孫龍稱之。案尹文說齊王事，見公孫龍子跡府篇，以爲公孫龍難孔穿，則此篇或卽高誘所見。亦此書非僞之一證也。蓋漢志十四篇之殘本也。毛公，漢志云：「趙人，與公孫龍等並遊平原君趙勝家。」師古曰：「劉向云：論堅白同異，以爲可以治天下。」此外無可考。

與公孫龍有關係者，又有魏公子牟。亦稱中山公子牟。見莊子秋水，讓王，呂覽審爲，略與讓王同。列子仲尼篇。又莊子天下篇，以桓團公孫龍並舉。桓團行事無考。

惠施爲名家巨子。莊子天下篇稱「惠施多方，其事五車。」又曰：「南方有畸人焉，曰黃繚。問天地所以不墜不陷，風雨雷霆之故。惠施不辭而應，不慮而對。徧爲萬物說。說而不休，多而無已。猶以爲寡，益之以怪。」徐無鬼篇：惠施死，莊子曰：「自夫子之死也，吾無與之言矣。」說苑說叢篇同。淮南子脩務訓亦曰：「惠施死而莊子寢說言。」莊周學說，與惠施最相近，然而判爲二派者？莊子以生有涯而知無涯，而惠施則多其辭說。故莊子譏之曰：「由天地之道，觀惠施之能，其猶一蚊一虻之勞。」而又惜其「散於萬物而不厭，逐萬物而不反，是窮響以聲，形與影競走也。」又「惠子事」亦見莊子秋水，呂覽淫辭，不屈，應言，愛類諸篇。高注謂惠施宋人。

成公生，漢志云：「與黃公等同時。」師古引劉向云：「與李斯子由同時。由爲三川守，成公生游談不仕。」黃公，漢志曰：「名疵，爲秦博士。作歌詩，在秦歌詩。」

名法二家，關係最密，說已見前。顧其學與墨家，關係有尤密者。墨子書中有經上下，經說上下，大小取六篇，雖難盡通，要可知爲論名學之作。莊子天下篇稱桓團公孫龍辨者之徒；而晉魯勝合墨子之經上下經說上下四篇而爲之注，稱之曰墨辯；則今所謂名學，古謂之辨學也。呂覽載尹文之說，極致謹於名實之間，而亦及見侮不鬬。荀子正論，述子宋子之說曰：「明見侮之不辱，使人不鬬。」知莊子以宋鈃尹文並列，爲不誣矣。

兼愛之心也，此假兵之所以不成也。」兼愛假兵，墨家之旨；致謹名實，名家之學也。荀子正名篇：「見侮不辱，聖人不愛己，殺盜非殺人也，此惑於用名以亂名者也。山淵平，情欲寡，芻豢不加甘，大鐘不加樂，此惑於用實以亂名者也。非而謁楹有牛，馬非馬也，此惑用於名以亂實者也。」亦皆兼名墨二家之說。天下篇云：「相里勤之弟子，五侯之徒，南方之墨者，苦獲已齒鄧陵子之屬，俱誦墨經，而倍僪不同，相謂別墨，以堅白同異之辨相訾，以觭偶不仵之辭相應。」其所誦，蓋即今墨子中之經上下篇。名家縱不必即出於墨，而名墨之學，關係極密，則無可疑矣。夫墨家重實利，而名家則騁玄妙之辭；墨家主兼愛，而法家則尚刻覈之政；抑法家重綜覈，而名家則操兩可之說，設無窮之辭；其學之相反如此也，而其關係之密如彼，豈不異哉？

雖然，此無足異也。漢志：法家者流，出於理官。名家者流，出於禮官。墨家者流，出於清廟之守。理之與禮，關係極密，無待於言；而清廟則禮之所由行也，禮者事之準；辦事而無標準，必覺其無從辦起。故曰：「名不正則言不順，言不順則事不成。」夫禮之初，則社會之習慣而已。所謂正名者，則謹守社會之習慣而已。然禮有沿亦有革，斯官有創亦有因。其因仍沿襲者，固可即固有之禮而謹守之，而不必問其何以當如此；其革故鼎新者，則必求其協諸義而協，而禮之原理，不容不講矣。職是故，古之禮官及理官，其學遂分為二派：一極言名之當正，而務求所以正之之方，此為法家之學。一深探千差萬別之名，求其如何而後可謂之正，是為名家之學。夫執法術以求正名之實行者，固應審我之所謂正者果正與否；而深探名之如何而後可稱為正者，既得其說，亦必求所以實行之；此名法二家，所以交相為用也。抑名以立別，而名家之說，反若天地萬物，皆為一體；祇見其同，不見其異；此則宇宙萬物，本相反而相成；苟探求之至於極深，未有不覺其道通為一者也。名法二者，蓋亦同源而異流；而古代庶政統於明堂，則清廟實名法二家所由出。故二家之學，亦有存於墨家者焉。參看第五章秦始皇謂吾收天下書不中用者盡去之，豈尚微妙之論。然黃公為秦博士，蓋名法相通，黃公實以法家之學見用也。

墨子經，經說，大小取六篇，所涉範圍甚廣。如曰：「知，材也。此言能知之具。慮，求也。知，接也。此言吾知之接於物。恕，明也。」此言知物之明晰狀態。此論人之知識問題者也。又曰：「舉，擬實也，此言人之觀念。言，出舉也。所以謂，名也。所謂，實也。名實耦，合也。或也者，不盡也。或，有也。有然者則不盡然。假也者，今不然也。謂假設之辭。效也者，為之法也。所效者，所以為之法也。辟同譬。者，援也。同他。物而以明之也。侔也者，比辭而俱行也。援也者，曰：子然，我奚獨不可以然也？推也者，以其所不取之得其意，心之察也。言口之利也。執所言而意得見，心之辨也。」說與今心理學相符。又曰：「體，分於兼也。兼爲全體，體爲部分。端，體之無序而最在前者也。點。尺，前於區而後於端。尺爲線，區爲面。區，無所大；厚，有所大也。厚爲體。平，同高也。中，同長也。圜，一中同長也。方，柱隅四雜也。」雜同匝。與今幾何學闇合。又曰：「仁，體愛也。體，即分於兼之體。義，利也。任，士損己而益所爲也。則仍與兼愛之說相應。參看第五章。此外關於科學論理者，尚有多條。近人於此，詁釋較詳，有專書可看。予所見者，有梁啓超墨經校釋，張之銳新考正墨經注，皆佳。胡適中國哲學史大綱上卷，亦以論墨經一章爲最善。又學衡雜誌載李笠定本墨子閒詁序，未見其書。茲不更及。其鄧析，惠施，桓團，公孫龍之學，散見諸子書中者，於下文略論之。

案莊子天下篇，舉惠施之說，凡十事：

（甲）至大無外，謂之大一；至小無內，謂之小一。　此破俗大小之說也。大無止境，小亦無止境。俗所謂大所謂小者，皆強執一境而以爲大以爲小耳。問之曰：汝所謂大者，果不可更大？所謂小者，果不可更小乎？不能答也。可以更大，安得謂之大？可以更小，安得謂之小？故俗所謂大小，其名實不能立也。故惠子破之曰：必無外而後可以謂之大，必無內而後可以謂之小。夫無內無外，豈人心所能想像？然則大小之說，不能立也。

（乙）無厚不可積也，其大千里。　此破有無之說也。天下惟一無所有者，乃將謂之無所不有。何也？既曰有矣，則必有與之對者。如爾與我對，此物與彼物對是也。我愈小，則與我爲對之物愈多。然若小至於無，則無物能與我對。夫與我對者非我也，則不與我對者必我也。無物能與我對，則無物非我也。故惟無爲最大。淮南子曰：「秋豪之末，淪於無間，而復歸於大矣。」正是此理。無厚之厚，即墨子厚有所大也之厚，幾何學所謂體也。其大千里，乃極言其大，即最大之意。不可泥字面看。

（丙）天與地卑，山與澤平。　荀子不苟篇作「天地比，山淵平。」卑即比也。此條蓋破高下相對之見。古天官家謂自地以上皆天也。

（丁）日方中方睨，物方生方死。　此說亦見莊子齊物論。破執著一事，以爲與他事有截然分界之見也。今有人焉而死，世俗之論，必以其死之一刹那爲死，而自此以前，則皆爲生。姑無論所謂一刹那者不可得也。即強定之；而凡事必有其原因；人之死，非死於其死之時也，其前此致死之因，豈得與死判爲兩事？因所謂仄。然就人之觀察，强立一點而謂之中，則固可指自此以前之運行，爲自仄向中；自此以後之運行，爲自中向仄也。故其下文即曰：「天地盈虛，與時消息。」盈虛消息，萬物之本然。所謂盛衰倚伏者，則就人之觀察，而强立一點焉，指之曰：此爲盛，此爲衰耳。

(戊)大同而與小同異，此之謂小同異。萬物畢同畢異，此之謂大同異。　此破同異之說也。天下無絕對相同之物，無論如何相類，其所占之時間空間決不同，便爲相異之一點，此萬物畢異之說也。天下無絕對相異之物。無論如何相異，總可籀得其中之同點。如牛與馬同爲獸，獸與人同爲動物，動物與植物同爲生物是也。此萬物畢同之說也。

(己)南方無窮而有窮。　古天官家不知有南極，故於四方獨以南爲無窮。孫詒讓說。見墨子閒詁經說下。案此蓋天之說也，蓋天之說，以北極爲中心，四面皆爲南方。　夫地不能無厚，既有厚，則向反面進，勢必復歸於正面，是南方無窮之說，不可通也。地既可以周游，則隨處皆可爲中點。故曰：「我知天下之中央，燕之北，越之南是也。」見下第九條。或謂合此兩條觀之，似古人已知地體渾圓。此殊不然。凡有厚之物，向反面進，皆可復歸於正面，初不問其圓不圓也。

(庚)今日適越而昔來。　此破時間分析之見也。夫時無界也，今云昔云，乃至一時一分一秒，皆人之所假立也。果不離因，二者本爲一事。自人有時間觀念，乃卽一事強分爲若干節，而別而指之曰：此爲因，此爲果焉，實不通之論也。何也？自適越以至於至，原爲一事，人必強分爲兩事，不過自適迄至，爲時較長，得容分析耳。今有一事，時間甚短，不復容人之分析，則卽視爲一事矣。然則此或分爲兩，或合爲一者，乃人之觀念則然，而非事物之本體然也。今人之分析時間，蓋極於秒。同在一秒中之事，卽不復計較其先後矣。今命初一爲a，初二爲b。初一自北平行，初二至南京，命之曰a適南京而a至，固不可也。又命一時爲a，二時爲b。一時自黃浦江邊行，二時而抵上海縣城，命之曰a適上海而a至，亦不可也。然一秒之時，旣不再加以分析，則將通名之曰a。今適至近之地，以此一秒鐘發，亦以此一秒鐘至，則以吾儕之語言道之，將曰a適某地而a至矣。假有時間分析，較吾儕更細者，彼視此一語之可笑，與吾儕視a適南京而a至，a適上海而a至之語，無以異也。設有時間分別，較吾儕更粗者，其視今日適南京而明日至，一時適上海而二時至，其無庸分別其適與至，亦與吾儕視適與至皆在一秒鐘內者，無以異也。則初一適南京而初二至，一時適上海而二時至，自彼言之，雖曰a適南京而a至，a適上海而a至，亦無不可矣。此今日適越而昔來之連，卽如何解耳此一說也。又宇宙本係一體，凡宇宙間事，實係一事，而世必強分之爲若干事，實不通之論也。然世無不以爲通者。如此武斷之論，而可以成立，連環又何不可解乎？

(壬)我知天下之中央。燕之北，越之南是也。　說見前。

(癸)汜愛萬物，天地一體也。　此條爲惠施宗旨所在。前此九條，皆所以說明此條者也。蓋由前此九條所說，可見物無彼此之分，時無古今之別，通宇宙一體耳。(古人用天地字，往往作宇宙字解。)旣通宇宙皆一體，則我卽萬物，萬物卽我，其汜愛萬物宜矣。

以上爲莊子述惠施之說。又荀子不苟篇，述惠施，鄧析之說，凡五事：

(子)山淵平，天地比。　說已見前。

(丑)齊秦襲。　襲，重也。齊秦襲，猶言齊秦祇在一處。似卽莊子東西相反而不可相無之理。

(寅)入乎耳，出乎口。　疑當作入乎口，出乎耳。卽臧三耳之旨。言人之聽不恃耳，別有所以爲聽；言不恃口，別有所以爲言也。夫聽不恃耳，而別有所以爲聽；言不恃口，而別有所以爲言；則雖謂入乎口，出乎耳，亦無不可矣。名家之言，多與常識相反，所以矯常識之繆也。入乎耳，出乎口，人人知之，何待言邪？

(卯)鉤有鬚。 兪樾曰：「鉤疑姁之假，」是也。姁，嫗也。此卽萬物畢同畢異之說。言世所視爲絕對相異者，其中仍有同點在也。夫人之異莫如男女；男女之異，莫顯乎有鬚無鬚。然世豈有絕對之男女乎？男子之有女性，女子之有男性者，蓋不少也。女子而有男性，則雖謂姁有鬚可也。

(辰)卵有毛。 見下。

又莊子天下篇述桓團公孫龍辯者之徒與惠施相應之說。

(1)卵有毛。 此理與華嚴之理事無礙觀門通，亦卽今日適越而昔來之理。蓋凡事果不離因，而因復有因，則無論何事，皆不能指其所自始；皆自無始以來，卽如此耳。今若執卵無毛者：試問此卵，如法孵之，能有毛否？若曰無毛，實驗足以證其非。若曰有毛，今實無毛，汝何以能預知。觀卵而決其能有毛，謂卵無毛可乎？卵之無毛，未有是事，實有是理。事不違理，有是理，卽謂有是事可也。是卵有毛也。

(2)雞三足。 此卽臧三耳之說也。蓋謂官體之所爲，非徒官體，其外別有使之者。墨經云：「聞，耳之此，則繆矣。如敵國來侵，豈其一一兵卒之爲之邪？

(3)郢有天下。　此似一多相容之理。萬物畢同畢異，則任舉一物，而萬物之理，皆涵於其中，故芥子可以納須彌也。鬩牆械鬬之族，豈能爲民國三年歐洲之大戰？然此械鬬之性質，謂卽歐戰之心理，無不可也。不忍一牛之心，擴而充之，可以保四海，卽由於此。

(4)犬可以爲羊。　此卽萬物畢同畢異之理。犬未嘗無羊性，其所以與羊異者：(一)由其生理之不同；(二)由一切環境，有以發達其異於羊之性，而遏抑其同於羊之性也。若有一法焉，專發達其類乎羊之性。而除去其異乎羊之性，則固可使之爲羊。男子奄割，則顯女性；少成若性，習慣自然；皆是此理。

(5)馬有卵。　似卽姁有鬚之意。上條言物之後天性質，可以彼此互易。此條言其先天亦無絕對之異也。

(6)丁子有尾。　丁子，未詳。

(7)火不熱。　此條謂物之性質，起於人之感覺。同一火也，灼恆人之膚而以爲痛，炙病者之肌而感其快，火豈有冷熱邪？飲者一斗亦醉，一石亦醉，酒之性質，果能醉人乎？墨子經說曰：「謂火熱也，非以火之熱。」即此理。

(8)山出口。　未詳。疑謂山亦可以爲谷也。

(9)輪不輾地。　此條之意，與今日適越而昔至相反。彼明一事而世人妄析之，此明多事而世人妄合之也。天下事不分析則已；既分析，則皆可至於無窮，謬視之爲一事，無當也。如德人侵法，世每以爲德意志之國家爲之，視爲一事。然無作戰之人人，豈復有侵法之事。輪之著地，實止一點。點點相續，與非全輪之碾地者何異？世乃只見輪而不復審其著地時之實狀，何邪？

(10)目不見。　此條與火不熱相反。彼言客觀之性質，皆主觀所賦。此言主觀之感覺，待客觀而成也。

(11)指不至，至不絕。　列子作「有指不至，有物不盡。」又載公子牟之言曰：「無指則皆至，盡物者常有。」公孫龍子曰：「物莫非指，而指非指。天下無指，物無可以謂物。天下而物，可謂指乎？指也者，天下之所無也。物也者，天下之所有也。」案指者，方向之謂。淮南氾論訓：「此見隅曲之一指，而不知八極之廣大。」

有也。」指因物而見。天下之物無窮，則指亦無窮。故曰：「指不至，至不絕。」若欲窮物以窮指，則旣云有物，卽必有他物與之對待者。故曰：「有物不盡」也。

(12)龜長於蛇。　物之長短，不當以兩物互相比較，而當各以其物之標準定之。長不滿七尺，而衣七尺之衣，已覺其長。九尺四寸以長，而衣八尺之衣，已覺其短矣。此龜長於蛇之說也。此卽齊物之指。

(13)矩不方，規不可以爲圓。　此卽「迹者履之所自出，而迹豈履也哉」之意。凡一定之械器，恆能成一定之物，世遂以此械器爲能成此物，其實不然也。一物之成，必有其種種條件，械器特此諸條件之一耳。能治天下者必有法，執其法，遂謂足以治天下，其失同此。

(14)鑿不圍枘。　此破有間無間之說也。墨經曰：「有間，中也。」「間，不及旁也，」間之界說如此。然自理論言之則可，物之果有間無間，則非感覺所能察也。而世之人每憑其感覺，以定物之有間或無間；吾見兩物相密接，則以爲無間；見兩物不相密接，則以爲有間焉，其實不然也。卽如枘之入鑿，猶今以瓶塞入瓶口。世皆以爲無間者也，此鑿圍枘之說也。然使果無間隙，枘豈得入？可見世俗所謂有間無間者繆也。此鑿不圍枘之說也。

(15)飛鳥之影，未嘗動也。　列子作「景不移。」公子牟曰：「影不移者，說在改也。」注引墨子曰：「影不移，說在改爲也。」今本墨經作「影不徙，說在改爲。」爲字無義，疑當如列子作「說在改。」經說曰：「光至景亡。」言後光既至，前影旋亡。目視飛鳥之影，一似其自成一物，隨鳥之飛而移者，其實鳥移至第二步，則其第一步之影已亡，所見者爲後光所生之新影矣。此以影戲爲喻，最爲易曉。人看影戲，一似其人爲一人物爲一物者，實乃無數影片所續成也。

(16)鏃矢之疾，而有不行不止之時。　此條與前條，皆所以破動靜之見也。飛鳥之影，未嘗動也，而世皆以爲動，旣喻之矣。然世必曰：飛鳥之影未嘗動，飛鳥固動也，則請更以鏃矢喻。夫鏃矢之行，疾矣，此世所以爲動者也。及其止也，則世所以爲靜者也。今乃曰：有不行不止之時，何哉？今假矢行千尺，爲時一秒。則每行一尺，須一秒之千分之一。不及一秒千分一之時，矢可謂之行乎？人謂矢行而不止，只是不能覺其止耳。今假有物，其生命之長，尙不及一秒之千分之一，則彼惟見此矢之止，視此矢爲靜物也。同理，矢委地而不

(17)狗非犬。 犬未成豪曰狗。是狗者,犬之小者也。謂狗非犬,是謂少壯之我,非老大之我,可乎哉?然以新陳代謝之理言之,少壯之我,至老大已一切不存,安得同謂之我?若其一切皆異,而仍得同謂之我,則世所指爲他者,亦不過與我一切皆異耳,何以又謂之他乎?

(18)黃馬驪牛三。 黃馬一,驪牛一,是二也,安得謂之三?雖然,名因形立,而旣立則與形爲二。黃馬驪牛之觀念,與黃馬驪牛,實非一物也。故曰三也。

(19)白狗黑。 物無色也。色者,人目所見之名耳。假物有色,則其色應恆常不變。然在光綫不同之地,同物之色,卽覺不同,則物豈有本色哉?然則白狗之云,乃我在某種光綫之下視之之色也;易一境而觀之,安知非黑?墨經曰:「物之所以然,與所以知之,與所以使人知之,不必同。」卽此理。「物之所以然,」狗之眞相也,無人能見。「所以知之,」我所見狗之色也。「所以使人知之,」人所見狗之色也。我所見狗之色,與人所見狗之色,人恆以爲相同,其實不然。何則?我與人不能同占一空間;又我告人使視此犬,人聞我言,因而視之,其中時間,亦復不同。時異地異,其所見狗,必不同色也。夫我謂之白,人亦謂之白;我謂之黑,人亦謂之黑；此世人所以以其所見爲大可恃也。今則證明：我之所見，與人之所見，實不同物矣。所見實不同物，而可同謂之白，同謂之黑，則謂黑爲白又何不可？

（20）孤駒未嘗有母。　列子作「孤犢未嘗有母。」公子牟曰：「孤犢未嘗有母，非孤犢也。」此言人之知識不可恃之理。蓋人之所知，止於現在。世每自用，以爲能知過去。如孤犢今雖無母，然可推知其必嘗有母，此世人自以爲能知既往之最確者也。然謂萬物必有父母，則最初之物，父母爲誰？可知萬物必有父母之云，亦吾儕有涯之知，見以爲確，其實未必然也。墨經曰：「或，同惑。過名也。」說曰：「知是之非此，有同又。知是之不在此也。而以已爲然。始也謂此南方，故今也謂此南方。」即此條之理。

（21）一尺之棰，日取其半，萬世不竭。　此言計算之單位，爲人所強立也。一尺之棰，今日取其五寸，明日又取其二寸半，孰能言分至某日，則無可再分乎？既不能言，則雖取之萬世，安有竭時？

列子仲尼篇載公孫龍之說，又有三條，如左：

（A）有意不心。　公子牟曰：「無意則心同。」蓋謂人之所謂心者，實合種種外緣而成，非心之本體同。

(B)髮引千鈞。 此說見墨經。經曰:「均之絕不,說在所均。」說曰:「均,髮均。縣輕重而髮絕,不均也。均,其絕也莫絕。」(列子湯問篇,亦載此說。) 此可以物理學釋之。

(C)白馬非馬。 此說見公孫龍子。其說曰:「馬者,所以命形也。白者,所以命色也。命色者,非命形也,故白馬非馬。」又堅白論曰:「視不得其所堅,而得其所白;拊不得其所白,而得其所堅。」蓋謂官體之感覺,本各獨立,一種觀念之成,皆以思想統一之而後然也。

名家之言,可考見者,大略如此。其傳書,漢志諸子十家中,爲數卽最少,蓋治其學者本少也。二千年以來,莫或措意,而皆詆爲詭辯。其實細繹其旨,皆哲學通常之理,初無所謂詭辯也。然其受他家之詆斥則頗甚。莊子謂惠施「以反人爲實,而欲以勝人爲名。」桓團公孫龍辯者之徒,「能勝人之口,而不能服人之心。」史談謂其「專決於名而失人情。」一言蔽之,則斥其與常識相違而已。孔穿之距公孫龍曰:「謂臧三耳甚難,而實非也。謂臧兩耳甚易,而實是也。不知君將從易而是者乎?將從難而非者乎?」此恆人排斥名家之見也。

第五章　墨家

當春秋之季，有一蒿目時艱，專以救世爲志者，是爲墨子。墨家者流，漢志云：「蓋出於淸廟之守。茅屋采椽，是以貴儉。養三老五更，是以兼愛。選士大射，是以尙賢。宗祀嚴父，是以右鬼。順四時而行，是以非命。以孝視天下，是以尙同。」胡適之作九流不出王官論，於此數語，攻擊最烈。此胡君未解漢志之說也。淮南要略云：「墨子學儒者之業，受孔子之術，以爲其禮煩擾而不說，厚葬靡財而貧民，服傷生而害事，服上當奪久字。故背周道而用夏政。」此說最精。淸廟卽明堂，見蔡邕明堂月令論。周之明堂，卽唐虞之五府，夏之世室，殷之重屋，乃祀五帝之所，爲神教之府。史記五帝本紀索隱引尙書帝命驗。古代制度簡陋，更無宗廟，朝廷，學校，官府之別。一切政令，悉出其中。讀惠氏棟明堂大道錄可見。古人制禮，於邃初簡陋之制，恆留詒之以示後人。記曰：「醴酒之美，而玄酒之尙；割刀之用，而鸞刀之貴；莞簟之安，而藁鞂之設；禮也者，反古復始，不忘其初者也。」禮運。漢武帝時，公玉帶上明堂圖，中有一殿，四面無壁，以茅蓋，史記封禪書。卽此所謂茅屋采椽。明堂建築，至後來已極壯麗，見大戴禮記盛德篇。而猶存此時則訓所述之制。農牧之世，人之生活，全賴天時。其時知識淺陋，以爲日月之運行，寒暑之迭代，以及風雨霜露等，咸有神焉以司之，故其崇奉天神極篤。久之，遂謂人世一切，皆當聽命於天。月令等篇，條舉某時當行某政，非其時則不可行。苟能遵守其說，則政無不舉，而亦無非時興作之事，（如農時興土功之類。）國事自可大治。論語：顏淵問爲邦，孔子首告以行夏之時，精意實在於此，非但爭以建寅之月爲歲首也。此誠使民要義，而古人之信守，則亦由於寅畏上天。觀月令等所載，行令有誤，則天降之異以示罰，其意可知。此等天神，皆有好惡喜怒，一與人同。若如其他諸子之說；所謂命者，於己於人，皆屬前定；更無天神降鑒，以行其賞善罰惡之權，則明堂月令之說，爲不可通矣。此墨子所以非之也。禮運：「子曰：我欲觀夏道，是故之杞，而不足徵也，吾得夏時焉。」所謂夏時者，鄭注以夏小正之屬當之，而亦不能質言。竊意月令等書所述，正其遺制也。嚴父配天，事始於禹。見禮記祭法。鬼者人鬼，故曰右鬼。古諸侯多天子之支庶，虔奉大君，不啻祇事宗子；而敬宗之義，原於尊祖，故曰「以孝示天下，是以尚同」也。呂覽當染篇曰：「魯惠公使宰讓請郊廟之禮於天子。天子使史角往。惠公止之。其後在魯，墨子學焉。」此墨學出於清廟之守之誠證。漢志墨家，首列尹佚二篇。尹佚即史佚。王居明堂之禮，前巫後史。禮記禮運。故淸廟之禮，惟史氏爲能識之。墨學之出於史角，與墨家之首列尹佚，二事正可互證也。莊子天下篇言：「墨子稱道禹。後世之墨者，多用裘褐爲衣，以跂蹻爲服，日夜不休，以自苦爲極。曰：不能如此，非禹之道也，不足爲墨。」今公孟篇載墨子之辭曰：「子法周而未法夏也。」此爲莊子之言之誠證。論語：「子曰：禹，吾無間然矣。菲飲食而致孝乎鬼神。惡衣服，而致美乎黻冕。卑宮室，而盡力乎溝洫。」致孝鬼神，致美黻冕，乃漢志宗祀嚴父之說；卑宮室，則茅屋采椽之謂也。節葬篇載墨子所制葬法與禹同，又淮南用夏政之注腳。此類尚多，孫星衍墨子注後序，可以參看。知漢志及淮南之言皆確不可易矣。

又墨子非樂篇云：「啟乃淫溢康樂，野於飲食。將將銘莧磬以力。湛濁於酒，渝食於野，萬舞翼翼。章聞於天，天用弗式。」其辭不盡可解。然謂夏之亡，由啟之荒於樂，則大略可見。離騷：「啟九辯與九歌兮，夏康娛以自縱。不顧難以圖後兮，五子用失乎家巷。」說正相合。后羿篡夏，史記不言其由。僞古文尚書謂由太康好畋，乃移羿之惡德，以植諸夏，殊不足信。觀墨子楚辭，則知夏祚中絕，實由憙音沈湎。蓋後世遂懸爲鑒戒，墨子之非樂，亦有由來矣。

者爲限非儒上篇已亡合下篇及耕柱公孟觀之其所非者爲儒家之喪服及喪禮以其違節葬之旨也非其娶妻親迎，以其尊妻侔於父，違尙同之義也。非其執有命，以申非命之說也。非其貪飲食惰作務，以明貴儉之義也。非其循而不作，以與背周用夏之旨不合也。非其勝不逐奔，揜函弗射，以其異於非攻之論也。非其徒古其服及言；非其君子若鐘，擊之則鳴，弗擊不鳴，以其無强聒不舍之風，背於貴義之旨也。此外詆訾孔子之詞，多涉誣妄，則古書皆輕事重言，不容泥其事跡立論。又墨之非儒，謂其學累世莫殫，窮年莫究。然貴義篇謂：「子墨子南遊使衞，載書甚多。弦唐子見而怪之，曰：夫子教公尙過曰：揣曲直而已。今夫子載書甚多，何也？子墨子曰：翟聞之同歸之物，信有誤者，是以書多也。今若過之心者，數逆於精微；同歸之物，既已知其要矣，是以不教以書也。」然則墨子之非讀書，亦非夫讀之而不知其要；又謂已知其要者，不必更讀耳。非謂凡人皆不當讀書也。其三表之法，上本之古聖王，實與儒家之則古昔稱先王相近；而其書引詩書之辭亦特多。淮南主術云：「孔墨皆修先聖之術，通六藝之論，」說蓋不誣。修身，親士，所染三篇，固不得謂非墨子書矣。

墨子宗旨，全書一貫。兼愛爲其根本。天志明鬼，所以歆懼世人，使之兼相愛，交相利也。不利於民者，莫如兵爭及奢侈，故言兼愛，必講非攻，守禦之術，正所以戢攻伐之心。而節用節葬及非樂，則皆所以戒侈也。非命所以伸天志說已具前。尚同者，封建之世，禮樂征伐，自天子出，則諸侯咸有所忌，而生民可以小康。自諸侯出，已不免連摟相伐。自大夫出，陪臣執國命，則不可一日居矣。故墨家之尚同，正猶儒家之尊君，皆當時維持秩序，不得不然之勢。或訾其鄰於專制，則彼固主選天下之賢可者而立之矣。故尚賢之說，與尚同相表裏，而尚同以天爲極，則又與天志相貫通也。惟經，經說，大小取六篇，多言名學及自然科學；在當日，實爲高深學術，距應用頗遠；與墨子救世之旨不符。蓋古淸廟明堂合一，明堂爲神教之府。教中尊宿，衣食饒足；又不親政事，專務遐思，遂有此高深玄遠之學。史角明乎郊廟之禮，蓋嘗習聞其說而世守之。而其後人又以授墨子。此雖非救世所急，然既與聞其說，亦卽傳習其辭。正如墨子非儒，而修身，親士，所染等儒家言，未嘗不存其書中也。然則辯學由墨子而傳，而其學實非墨子所重。今之治諸子學者，顧以此稱頌墨子，則非墨子之志矣。諸篇雖講論理，仍有發明兼愛之辭。見上章 孔子言夏人尚忠，墨經實其一證。而墨子之用夏道，更不足疑矣。

欲知墨子之說，必先明於當日社會情形，不能執後人之見，以議古人也。古者風氣敦樸；君民之侈儉，相穀；馳道不除，祭祀不縣。大夫不食粱，士飲酒不樂。」凶歲如此，況於民之飢，不由於歲而由於在上者之橫征暴斂，役其力而奪其時乎？「朱門酒肉臭，路有凍死骨，」後世之人習焉則不以為異，墨子之時，人心不如是也。古者地廣人稀；百里七十里五十里之國，星羅棊布於大陸之上，其間空地蓋甚多，故其兵爭不烈。疆場之役，一彼一此，不過如今村邑之交鬨。傾國遠鬭，如楚陽橋，吳艾陵之役者，已為罕聞；長平之阬，西陵之焚，不必論矣。席卷六合，罷侯置守，非墨子時所能夢想。欲求少澹干戈之禍，惟望率土地而食人肉者，稍念正義而惜民命而已。此如今之唱限制軍備，立非戰公約者，孰不知其非澈底之論？然舍此，旦夕可行者，更有何法？豈得詆唱此等議者為皆迂腐之談乎？故執後世之事，或究極之理，以議墨子者，皆不中情實者也。

墨家上說下教，所接者，非荒淫之貴族，即顓蒙之氓庶。非如鄒魯學士之談，稷下儒生之論，可以抗懷高義也。故其持義，恆較他家為低，先秦諸家，言天言鬼神，皆近汎神論無神論；墨子所謂天，所謂鬼，則皆有喜怒欲惡如人，幾於愚夫愚婦所奉，無論矣。兼愛之義，儒家非不之知。孔子曰：「道二，仁與不仁而已矣。」（孟子離婁上。）又言大同之世，「人不獨親其親，不獨子其子。」此與墨子所謂「周愛人然後為愛人」（小取。）者何異。孟子曰：

「殺人之父者，人亦殺其父；殺人之兄者，人亦殺其兄；然則非自殺之也，一間耳。」亦與兼愛下篇：「吾不識孝子之爲親度者，亦欲人愛利其親與？意欲人之惡賊其親與？以說觀之，即欲人之愛利其親也。然則吾惡先從事即得此？」同意。

然愛之道雖無差別，而其行之則不能無差等。故曰：「仁者人也，親親爲大。義者宜也，尊賢爲大。親親之殺，尊賢之等，禮所生也。」中庸。若其毫無等差，試問從何行起。又孟子曰：「春秋無義戰，彼善於此，則有之矣。」義兵二字，蓋儒家論兵宗旨。呂覽孟秋仲秋季秋三紀，皆論用兵，開宗明義即曰：「古聖王有義兵而無偃兵。」其下文又曰：「兵苟義，攻伐亦可，救守亦可。兵不義，攻伐不可，救守不可。」蓋儒家駁墨家之說也。夫兵不論其義不義，而但論其爲攻爲守，此本最粗淺之說。果以是爲是非之準，彼狡者，何難陰致人之攻，既居守義之名，又有得利之實邪？且世之治，不治於其治之日，而必有其由始。世之亂，亦不亂於其亂之日，而必有其所由兆。戰爭者，人類平時積種種之罪惡，而一旦破裂焉者也。其事固甚慘酷；然不務去戰爭之原，而特求弭戰爭之事，不可得也。即能弭之，其爲禍爲福，亦正未易言。何則？既已造種種惡孽矣，不摧陷廓清之，終不可以望治；欲摧陷而廓清之，則兵終不能去也。呂覽曰：「兵，若水火然，善用之則爲福，不善用之則爲禍。若用藥者然，得良藥則活人，得惡藥則殺人。義兵之爲天下良藥也亦大矣。」又曰：「當今之世，濁甚矣；黔首之苦，不可以加實較墨子爲周足也。然墨子非不知此也。墨者夷之，以爲「愛無差等，施由親始。」孟子滕文公上。此與儒家「親親而仁民，仁民而愛物」之說何異？非攻下篇，或以禹征有苗，湯伐桀，武王伐紂難墨子，墨子以「彼非所謂攻謂誅」答之。夫攻之與誅，所異者則義不義耳。墨子又曰：「今若有能信効先利天下諸侯者，孫氏曰：「効」讀爲交。人勞我逸，則我甲兵強。寬以惠，緩易急，民不移，易攻伐以治我國，攻必倍。量我師舉之費，以爭諸侯之斃，則必可得而序利焉。督以正，義其名，必務寬吾衆，信吾師，以此授諸侯之師，則天下無敵也。」則并以非攻爲勝敵之策矣。然則墨子之論，特取救一時之弊，並非究極之談。語其根本思想，與儒家實不相遠。此亦墨出於儒之一證也。

儒家言兵，恆推其原於心。墨子則但就物質立論。其非攻之說，卽較計於利不利之間。謂計其所得，反不如所喪之多。宋牼欲說罷秦楚之兵，而曰：「我將言其不利」，亦是物也。孟子告子下。兵爭之事，看似出於權利爭奪之欲，實亦由於權力執著之私。試觀訟者，往往傾千金之產，以爭錙銖之物可知。古代之用兵，不如後世之審愼；國事又多決於少數人；其易動於一時之意氣，尤不待言也。史記律書曰：「自含血戴角之獸，見犯則校，而況於人，懷好惡喜怒之氣？喜則愛心生，怒則毒螫加，情性之理也。」此數語亦見淮南兵略訓。淮南此篇，亦儒家言也。呂覽曰：「兵之所自來者遠矣。未嘗少選不用；貴賤長少賢者不肖相與同，有巨有微而已矣。察兵之微；在心而未發，兵也。疾視，兵也。作色，兵也。傲言，兵也。援推，兵也。連反，兵也。侈鬬，兵也。三軍攻戰，兵也。此八者皆兵也，微巨之爭也。今世之以偃兵疾說者，終身用兵而不自知。」其說精矣。儒家之化民，重禮尤重樂，蓋由此也。然兵爭之事，固由一二人發蹤指示，亦必多數人踴躍樂從。發蹤指示之人，庸或激於意氣；踴躍樂從之士，則必利其俘獲之心爲多。又況發蹤指示者，究亦多動於爭城爭地之欲也？故以救世而論，則墨子之言，尤切於事情也。

尙儉之說，諸家之攻擊墨子者，尤多不中理。非諸家之言之無理，乃皆昧於墨子之意也。莊子天下篇論墨子曰；「其生也勤，其死也薄。其道大觳。使人憂，使人悲。其行難爲也，反天下之心，天下不堪。墨子雖能獨任，奈天下何？」夫墨子非謂民皆豐衣足食，猶當守此勤生薄死之法也，若其途有餓莩，而猶縱狗彘以食人食，返諸人之相人偶之心，其堪之乎？荀子富國篇駁墨子曰：「夫不足非天下之公患也。特墨子之私憂過計也。今是土之生五穀也，人善治之，則畝盆，一歲而再獲。同穫。之然後瓜桃棗李一本數，以盆鼓。然後葷菜百疏。同蔬餘足以衣人矣。夫有餘不足，非天下之公患也，特墨子之私憂過計也。天下之公患，亂傷之也。墨子大有天下，小有一國，將蹙然衣麤食惡，憂戚而非樂。若是則瘠。瘠則不足欲。不足欲則賞不行。將少人徒，省官職，上功勞苦，與百姓均事業，齊功勞。若是則不威。不威則罰不行。賞不行，則賢者不可得而進也；罰不行，則不肖者不可得而退也；賢者不可得而進也，不肖者不可得而退也，則能不能不可得而官也。若是則萬物失宜，事變失應；上失天時，下失地利，中失人和。天下敖然，若燒若焦。墨子雖爲之衣褐帶索，嚽菽飲水，惡能足之乎？故墨術誠行，則天下尚儉而彌貧；非鬬而日爭；勞苦頓萃而愈無功；愀然憂戚非樂而日不和。」其言甚辯。然亦思天下之亂，果衣粗食惡，憂戚非樂者致之乎？抑亦名爲利民，而所冀實在乎賞，所畏惟在乎罰者致之也。狃於小康之治者，恆謂必得一賢君以治羣有司，得羣良有司以牧民，然後可幾於治；任兼人之事者，理宜享兼人之奉，故或祿以天下而不爲多。殊不知身任天下之責者，皆由其度量之超越乎尋常，初不蘄於得報。苟無其人，即倍蓰天下之祿以求之，猶是不可得也。若尋常人，則其作官，亦猶之農之耕田，工之治器，商之貿遷，求以自食焉而已。既爲求食而至，公私利害相反，勢必先私而後公。此言治所以不能廢督責。然而督責人者，亦非人羣外之天神，而羣中之人也。人之度量，相去固不甚遠。未嘗能任天下之事，而先祿之天下，適以蠱惑頹喪其心志，使之據其位而不肯去；而其利害，浸至與民相反耳。小康之治，終非了義，職此之由。荀子之論，徒見其以病理爲生理而已。

墨子，史記無傳。僅於孟荀列傳後附見數語。曰：「蓋墨翟宋之大夫，善守禦，爲節用。或曰：竝孔子時，或曰：在其後。」孟荀列傳，文甚錯亂。此數語究爲史公原文與否，頗爲可疑。高誘謂墨子魯人。此外說者或以爲宋人，亦難定。以其學出於儒觀之，其生當後於孔子。（學孔子之術，不必及孔子之門。孔子未嘗稱墨子，而墨子屢稱孔子，卽其後於孔子之證。）其身卽非魯人，其學則必與魯大有關係也。孫詒讓墨子傳略，考墨子行事頗詳，今不更及。

墨家巨子，當首推禽滑釐。故莊子天下篇，以之與墨翟並稱。次則當推宋鈃。天下篇以之與尹文並稱。尹文事已見前章。宋鈃之事，見孟子告子及荀子天論，正論二篇。正論篇謂其「明見侮之不辱，使人不鬭。」又曰：「子宋子曰：人之情欲寡，而皆以己之情爲欲多，是過也。故率其羣徒，辨其談說，明其譬稱，將使人知情欲之寡也。」天論篇謂：「宋子有見於少，無見於多。」其說實最堪注意。世之言生計學者，每以好奢爲人之本孟子謂：「楊朱墨翟之言盈天下；」又謂：「逃墨必歸於楊，逃楊必歸於儒；」則墨學在戰國時極盛。然其後闃焉無聞。則墨之徒黨爲俠，多「以武犯禁，」爲時主之所忌。又勤生薄死，兼愛天下，非多數人所能行。巨子死而遺敎衰，其黨徒乃漸復於其爲游俠之舊。高者不過能「不愛其軀，以赴士之阨困，」而不必盡「軌於正義；」下者則并不免「爲盜跖之居民間」者矣。以上皆引史記游俠列傳。創一說立一敎者，其意皆欲以移易天下。社會中人，亦必有若干受其感化。然敎徒雖能感化社會，社會亦能感化敎徒。釋老基督之徒，在今日，皆僅爲游民衣食之路；營營逐逐，曾無以異於恆人，卽由於此。墨學之中絕，亦若是則已矣。

第六章　縱橫家

縱橫家者流，漢志云：「蓋出於行人之官。孔子曰：誦詩三百，使於四方，不能專對，雖多，亦奚以爲。又曰：使乎使乎。言其當權事制宜，受命而不受辭，此其所長也。及邪人爲之，則上詐諼而棄其信。」蓋古者外交，使人之責任甚重，後遂寖成一種學問。此學蓋至戰國而後大成。漢志所謂邪人爲之者，正其學成立之時也。

縱橫家之書，今所傳者惟戰國策。此書多記縱橫家行事，而非事實。漢志入之春秋家；後世書目，遂多以隸史部，非也。蒯通傳：「論戰國時說士權變，亦自序其說，凡八十一首，號曰雋永。」而志有蒯子五篇，卽本傳所謂雋永者矣。戰國策一書，正論說士權變，幷序其說者也。然此書止於備載行事，於縱橫家之學理，未曾道及。縱橫家之學理，轉散見於諸子書中。而莫備於韓非之說難。今觀其說曰：「凡說之難；非吾知之有以說之之難也，又非吾辯之能明吾意之難也，又非吾敢橫失而能盡之難也。凡說之難：知所說之心，可以吾說當之。所說出於爲名高者也，而說之以厚利，則見下節而遇卑賤，必棄遠矣。所說出於厚利者也，而說之以名高，則見無心而遠事情，必不收矣。所說陰爲厚利，而顯爲名高者也，而說之以名高，則陽收其身而實疏之；說之以厚利，則陰用其言，顯棄其身矣」云云：全篇所論，皆揣摩人君心理之術。蓋縱橫家所言之理，亦夫人之所知，惟言之之術，則爲橫縱家之所獨耳。呂覽順說篇，亦論說術。

戰國策載蘇子說秦，不用而歸。妻不下機，嫂不爲炊，父母不與言。乃發憤讀書。期年，復說趙王，爲縱約長。路過雒陽。父母聞之，淸宮除道，郊迎三十里。妻側目而視，側耳而聽。嫂蛇行匍匐，四拜自跪而謝。秦乃喟然曰：

儒家豈無曲學阿世者乎？要不得以此幷沒眞儒也。縱橫家亦然。說難篇曰：「伊尹爲宰，百里爲虜，皆所以干其上也。此二人者，皆聖人也，然猶不能無役身以進，如此其汙也。今以吾言爲宰虜，而可以聽用而振世，此非能仕（據索隱，當作士。）之所恥也。」其救世之心，昭然若揭矣。孟子滕文公篇：「陳代問曰：不見諸侯，宜若小然。今一見之，大則以王，小則以霸。且志曰：枉尺而直尋，宜若可爲也。」亦此意也。呂覽愛類篇曰：「賢人之不遠海內之路，而時往來乎王公之朝，非以要利也，以民爲務故也。人主有能以民爲務者，則天下歸之矣。」此其用心，亦即孔子周流列國之心也。盡心篇載孟子之言曰：「說大人，則藐之，勿視其巍巍然。」則孟子亦講說術矣。凡成爲一種學術，未有以自利爲心者；以自利爲心，必不能成學術也。

史記蘇秦列傳：「東事師於齊，而習之於鬼谷先生。」集解引風俗通曰：「鬼谷先生，六國時縱橫家。」法言曰：「蘇秦學乎鬼谷術。」論衡曰：「傳曰：蘇秦張儀縱橫，習之鬼谷先生。掘地爲坑，曰：下說，令我泣出則耐分人君之地。蘇秦下說，鬼谷先生泣下沾襟。張儀不若。」（答佞篇。又明雩篇亦曰：「蘇秦張儀悲說坑中，鬼谷先生，泣下沾襟。」）說雖不經，而鬼谷先生爲戰國時縱橫家大師，爲儀秦之術所自出，則無可疑矣。今世所傳，有鬼谷子十二篇。漢志不載。隋志著錄三卷，有皇甫謐樂臺二注。（意林王應麟漢志考證皆作樂臺。）史記秦傳云：「得周書陰符，伏而讀之。期年，以出揣摩。」集解曰：鬼谷子有揣摩篇。」索隱引王劭云：「揣情摩意，是鬼谷之二章名，非爲一篇也。」又漢書杜周傳：「業因勢而抵隵。」注引服虔曰：「抵音抵，隵音戲，謂罪敗而復抨彈之。蘇秦書有此法。」師古曰：「一說隵讀與戲同。鬼谷有抵戲篇。」論者因謂今鬼谷子卽漢志蘇子三十一篇之殘。然今書詞意淺薄，決非古物。且說苑，史記注，文選注，意林，太平御覽所引鬼谷子，或不見今書，或雖有之，而又相差異，（見秦刻本附錄。）則幷非隋志著錄之本矣。卽隋志著錄之本，亦僞物也。據史記，風俗通，法言，論衡諸書，鬼谷先生明有其人。而索隱引樂臺注，謂「蘇秦欲神祕其術，故假名鬼谷，」則以秦習業鬼谷爲無其事，其不合一矣。古稱某先生或某子者，多冠以氏，鮮冠以地者。而集解引徐廣，謂「潁川陽城有鬼谷，蓋是其人所居，因爲號。」索隱又謂「扶風池陽，潁川陽城，竝有鬼谷墟。」扶風潁川，並非齊地。蓋以東事師於齊與習之鬼谷先生爲兩事。史記之意，恐不如此。其不合二矣。然則隋志所錄，已爲僞物；今本則又僞中之僞耳。隋志著錄之本，既有皇甫謐注，必出於晉以前。雖爲僞書，要必多存古說。史記太史公自序：「聖人不朽，時變是守，」索隱謂其語出鬼谷，蓋正造鬼谷者采摭史記兵家之書，漢志分為權謀，形勢，陰陽，技巧四家。陰陽技巧之書今已盡亡。權謀形勢之書，亦所存無幾。大約兵陰陽家言，當有關天時，亦必涉迷信。兵技巧家言，最切實用。然今古異宜，故不傳於後。兵形勢之言，亦今古不同。惟其理多相通，故其存者，仍多後人所能解。至兵權謀，則專論用兵之理，幾無今古之異。兵家言之可考見古代學術思想者，斷惟此家矣。

漢志有吳孫子兵法八十二篇，齊孫子八十九篇。今所傳者，乃吳孫子也。史記武本傳云：「以兵法見於吳王闔閭。闔閭曰：子之十三篇，吾盡觀之矣。」又謂「世俗所稱師旅，皆道孫子十三篇」則今所傳十三篇，實為原書。漢志八十二篇，轉出後人附益也。此書十之七八，皆論用兵之理，極精。

史記曰：「吳起兵法世多有。」韓非子五蠹篇曰：「藏孫吳之書者家有之。」則二家之書，在當時實相伯仲。漢志有吳起四十八篇，今僅存六篇。其書持論近正，而精義甚少。且皆零碎不成片段。蓋原書已亡，而為後人所綴拾也。又軍禮司馬法百五十五篇。漢志出之兵家，入之於禮。此書太史公盛稱之。司馬穰苴列傳曰：

「齊威王使大夫追論古者司馬兵法，而附穰苴於其中因號曰司馬穰苴兵法。」明二家兵法，當以司馬爲主。太史公曰：「余讀司馬兵法，閎郭深遠；雖三代征伐，未能竟其義，如其文也，亦少褒矣。若夫穰苴，區區爲小國行師，何暇及司馬兵法之揖讓乎？」亦褒司馬而貶穰苴也。今所傳者五篇，精義亦少。蓋亦後人掇拾佚文，加以聯綴者也。昔人輯佚之書，往往不注出處；又或以己意爲之聯綴。後人遂疑爲僞書。其實書不盡僞，特輯佚之法未善而已。

漢志：雜家，尉繚二十九篇。兵家，尉繚三十一篇。今尉繚子二十四篇，皆兵家言，蓋兵家之尉繚也。二十四篇中，有若干篇似有他篇簡錯，析出或可得三十一篇邪。又今本六韜，凡五十篇。題周呂望撰。世多以爲僞書。然標題撰人，原屬後人之繆。至著書託之古人，則先秦諸子皆然。史記所謂「後世之言兵，及周之陰權，皆宗太公爲本謀」也。齊世家。漢志：道家，太公二百三十七篇。中有兵八十五篇。疑今之六韜，必在此八十五篇中矣。六韜及尉繚子，皆多存古制，必非後人所能僞爲。如陰符篇曰：「主與將有陰符，凡八等。所以陰通言語，不泄中外。」正可考見古制。乃四庫提要謂「僞撰者不知陰符之義，誤以爲符節之符，遂粉飾以爲此言。」然則此篇之外，又有陰書，又緣何而僞撰邪？惟言用兵之理者較少耳。兵家言原理之書，存於諸子書中者，有荀子之議兵篇；呂氏春秋孟秋仲秋季秋三紀；及淮南子之兵略訓。其持論之精，皆足與孫子相匹敵。又墨子書備城門以下十一篇，亦兵技巧家言之僅存者。

制流，兵因敵而制勝。故兵無常勢，水無常形。」—虛實篇。此道家因任自然之旨也。又曰：「百戰百勝，非戰之善者也，不戰而屈人之兵，善之善者也。」—謀攻篇。又曰：「昔之善戰者，先爲不可勝，以待敵之可勝。不可勝在己，可勝在敵。故善戰者，能爲不可勝，不能使敵之必可勝。故曰：勝可知而不可爲。故善戰者之勝也，無智名，無勇功。故其戰勝不忒。不忒者，其所措勝；勝已敗者也。故善戰者，立於不敗之地，而不失敵之敗也。」—軍形篇。此道家守約之說也。又曰：「兵聞拙速，未覩功之久也。」—作戰篇。又曰：「後人發，先人至。」—軍爭篇。又曰：「善戰者致人而不致於人。」—虛實篇。此道家以靜制動之術也。又曰：「善出奇者，無窮如天地，不竭如江海。終而復始，日月是也。死而更生，四時是也。聲不過五，五聲之變，不可勝聽也。色不過五，五色之變，不可勝觀也。味不過五，五味之變，不可勝嘗也。戰勢不過奇正，奇正之變，不可勝窮也。」—兵勢篇。又曰：「善攻者敵不知其所守，善守者敵不知其所攻。微乎微乎！至於無形。神乎神乎！至於無聲。故能爲敵之司命。」—虛實篇。此則將至變之術，納之至簡之道；又自處於至虛之地，尤與道家之旨合矣。

至其用諸實際，必準諸天然之原理，亦與名法家言合。故曰：「善用兵者，修道而保法，故能爲勝敗之政。

兵法：一曰度，二曰量，三曰數，四曰稱，五曰勝。地生度，度生量，量生數，數生稱，稱生勝。」軍形篇。「凡治衆如治寡，分數是也。鬭衆如鬭寡，形名是也。」兵勢篇。皆名法家先審天然之條理，立法而謹守之之意。而以整齊嚴肅之法，部勒其人而用之，如所謂「金鼓旌旗者，所以一人之耳目也。人既專一，則通者不得獨進，怯者不得獨退」者，軍爭篇。尙其淺焉者已。

古有所謂仁義之師者，非盡虛語也。蓋係虜之多，殘殺之酷，擄奪之烈，皆後世始然。此等皆社會之病態，有以致之。社會病態，亦積漸而致，非一朝一夕之故也。古所謂大同小康之世，國內皆較安和。講信修睦之風，亦未盡廢墜。偶或不諒，至於兵爭，必無流血成渠，所過爲墟之慘矣。卽弔民伐罪，亦理所可有。後世土司，暴虐過甚，或兵爭不息，政府固常易置其酋長，或代以流官也。其行軍用師，誠不能如古所謂仁義之師者之純粹；然議論總較事實稍過，太史公所爲歎司馬法閎郭深遠，雖三代征伐，未能竟其義，如其文者也。然則設使社會內部，更較古所謂三代者爲安和，則其用兵，亦必能較古所謂三代者爲更合乎仁義。不得執社會之病態，爲人性之本然，而疑其康健時之情形，爲誇誕之辭也。義兵之說，呂覽而外，見第五章。淮南兵略，略同呂覽。又見孟荀二子。

好哉？故以桀攻桀，猶有巧拙。以桀詐堯，若卵投石，夫何幸之有？（見議兵篇）此則制勝之術，初不在抗兵相加之時；而其用兵之意，亦全不出於爲利；可謂僞乎遠矣。

第八章　農家

農家之學，分爲二派：一言種樹之事。如管子地員，呂覽任地，辨土，審時諸篇是也。一則關涉政治。漢志曰：「農家者流，蓋出於農稷之官。播百穀，勸耕桑，以足衣食。故八政，一曰食，二曰貨。孔子曰：所重民食。此其所長也。及鄙者爲之，以爲無所事聖王；欲使君臣並耕，誖上下之序。」君臣並耕，乃孟子所載。爲神農之言者，許行之說。神農二字，乃農業之義，非指有天下之炎帝其人。「爲神農之言」，猶言治農家之學耳。漢志著錄，首神農二十篇。注曰：「六國時諸子。疾時怠於農業，道耕農事，託之神農。」今管子書揆度篇，實引神農之教。揆度爲管子輕重之一。輕重諸篇，有及越梁事者，正六國時書。則輕重諸篇，皆農家言也。又有宰氏十七篇。注曰：「不知何世。」案史記貨殖列傳集解引范子曰：「計然者，葵丘濮上人。姓辛氏，字文子。」而元和姓纂十五。海宰氏下引范蠡傳曰：「陶朱公師計然，姓宰氏，字文子，葵丘濮上人，」近人謂據此，則唐人所見集解，辛氏本作宰氏。案宰氏果即計然，劉班無緣不知。或後人正因漢志之書，附會計然之姓。然必計然事迹學說，本與農家有關，乃啟後人附會之端。則史記貨殖列傳所載生計學說，又多農家言矣。

蓋交易之行，本在農業肇興之世。農業社會，雖一切多能自給，而分工稍密，交易已不能無；又其時交易，率由農民兼營，尚未成爲專業；故食貨兩字，古人往往連言；至東周而後，商業日盛，「穀不足而貨有餘，」漢書貨殖列傳語。附庸已蔚爲大國，而農商二業，猶視爲一家之學也。

管子輕重諸篇，所言不外三事：(一)制民之產，(二)鹽鐵山澤，(三)蓄藏斂散。制民之產，爲農業社會制治之原。然東周以後之政治，有不能以此盡者。蓋人民生活程度日高，社會分工合作益密。則日常生活，有待於交易者日多，而兼并因之而起。兼并之大者，一由山澤之地，漸爲私家所占。二則工官之職，漸歸私家所營。三則「歲有凶穰，故穀有貴賤；令有緩急，故物有輕重。」於是「蓄賈游於市，乘民之急，百倍其本。」遂使「知者有十倍人之功，愚者有不賡本之事」矣。管子國蓄。 土地任人私占；一切事業，皆任人私營；交易贏絀，亦聽其深通此術者爲桑弘羊，讀鹽鐵論可知。惜其持論雖高，及其行之，則僅爲籌款之策。王莽六筦及司市泉府，所行亦此派學說。惜乎亦未有以善其後也。

此派學說，必深觀百物之盈虛消息，故用其術亦可以富家。史記貨殖列傳所載計然，范蠡，白圭之徒是也。計然之說曰：「知鬭則修備，時用則知物。二者形，則萬貨之情，可得而觀已。」此蓋深觀市情，以求制馭之之術。其觀察所得，爲「貴上極反賤，賤下極反貴。」故白圭「樂觀時變；」「人棄我取，人取我予」也。其行之之術，重於「擇人而任時。」故薄飲食，忍嗜欲，節衣服，與用事僮僕同苦樂。趨時若鷙鳥猛獸之發。」白圭又曰：「吾治生產，猶伊尹呂尙之謀，孫吳用兵，商鞅行法。智不足與權變，勇不足以決斷，仁不能以取予，彊不能有所守，雖欲學吾術，終不告之矣。」其術則可謂善矣。然徒以之富家，終非治道術者之本意也。

輕重一派，深知社會生計之進化，出於自然，無可違逆。史記貨殖列傳曰：「老子曰：至治之極，鄰國相望，雞狗之聲相聞，民各甘其食，美其服，安其俗，樂其業，至老死不相往來。必用此爲務，輓近世塗民耳目，則幾無行矣。太史公曰：夫神農以前，吾不知已。至若詩書所述，虞夏以來，耳目欲極聲色之好；口欲窮芻豢之味；身安逸樂，而心誇矜勢能之榮；使俗之漸民久矣，雖戶說以眇論，終不能化。故善者因之，其次利道之，其次教誨之，其次整齊之，最下者與之爭。」此極言日趨繁盛之社會，斷不能以人力挽之，使返於榛狉之世也。社會改革，當從組織加之意。至於生利之術之進步，人民對天然知識之增加，暨其享用之饒足，與風氣之薄惡，了不相干。惡末世之澆漓，遂欲舉一切物質文明，悉加毀棄，正醫家所謂誅伐無過；不徒事不可行，本亦藥不對證也。此義論道家時已詳言之。觀史記之言，則古人久知之矣。

輕重一派，近乎今之國家社會主義。許行之言，則幾於無政府主義矣。行之言曰：「滕君，則誠賢君也。雖然，未聞道也。賢者與民並耕而食，饔飧而治。今也，滕有倉廩府庫，則是厲民而以自養也，惡得賢？」其徒陳相則曰：「從許子之道，則市價不貳，國中無僞；雖使五尺之童適市，莫之或欺。布帛長短同，則賈相若；麻縷絲絮輕重同，則價相若」云云。此等說，今人無不聞而駭。而無庸駭也。郅治之極，必也蕩蕩平平，毫無階級。而階級之興，首由生計。政治既成職業，從事於此者，勢必視為衣食之圖；其利害遂與民相反；政治終無由臻於極軌，論墨學時已言之。許行必欲返諸並耕，蓋由於此。其於物價，欲專論多寡，不計精粗，亦欲率天下而返於平等。

將自出。若大多數人，皆不能自給，而糜人工物力，造精巧之物，以供少數人之用，則衡以大同郅治之義，本屬不能相容。許子之言，自有其理。特習於小康若亂世之俗者，不免視爲河漢耳。

第九章　陰陽數術

漢志陰陽，爲諸子十家之一，數術則別爲一略，蓋由校書者之異其人，說已見前。論其學，二家實無甚區別。蓋數術家陳其數，而陰陽家明其義耳。故今幷論之。

司馬談論六家要指曰：「陰陽之術，大祥，而衆忌諱，使人拘而多所畏。然其序四時之大順，不可失也。」漢志亦曰：「陰陽家之流，蓋出於羲和之官。敬順昊天；曆象日月星辰，敬授民時，此其所長也。及拘者爲之，則牽於禁忌，泥於小數，舍人事而任鬼神。」蓋所長者在其數，所短者在其義矣。然陰陽家者流，亦非皆拘牽禁忌之徒也。

陰陽家大師，當首推鄒衍。史記述其學云：「深觀陰陽消息，而作怪迂之變，終始大聖之篇十餘萬言。其語閎大不經。必先驗小物，推而大之，至於無垠。先序今以上至黃帝，學者所共術。大並世盛衰，因載其禨祥度制。推而遠之，至天地未生，窈冥不可考而原也。先列中國名山，大川，通谷，禽獸，水土所殖，物類所珍。因而推之，及海外人之所不能睹。稱引天地剖判以來，五德轉移，治各有宜，而符應若茲。（此二十一字，疑當在「大並世盛衰」下。大當作及。）以爲儒者所謂中國者，於天下，乃八十一分居其一分耳。中國名曰赤縣神州。赤縣神州內，自有九州，禹之序九州是也。不得爲州數。中國外如赤縣神州者九，乃所謂九州也。於是有裨海環之。人民禽獸，莫能相通者，如一區中者，乃爲一州。如此者九，乃有大瀛海環其外，天地之際焉。」其術皆此類也。史事地理，均以意推測言之，由今日觀之，未免可駭。然宇宙廣大無邊，決非實驗所能盡。實驗所不及，勢不能不有所據以爲推，此則極崇實驗者所不能免。鄒衍之所據，庸或未必可據；其所推得者，亦未必可信。然先驗細物，推而大之，其法固不誤也。

莊周有言：「六合之外，聖人存而不論。」多聞且當闕疑，何乃馳思大古之初，矯首八荒之外，專腐心於覩記所不及乎？不亦徒勞而無益哉？鄒子之意，蓋病恆人之所根據，失之於隘也。原理寓於事物。事務繁多，必能博觀而深考之，籀其異同，立爲公例，所言乃爲可信。否則憑狹隘之見聞，立隅曲之陋說，不免井蛙不可語共見共聞者，反置而不講之理。故鄒子之學，謂其騖心閎遠可；謂其徒騖心於閎遠，則不可也。

鄒子之學，非徒窮理，其意亦欲以致治也。漢志著錄衍書，有鄒子四十九篇，又有鄒子終始五十六篇。其終始之說，見文選齊安陸昭王碑注。謂虞土，夏木，殷金，周火，從所不勝。秦人以周爲火德，自以爲水德；漢初又自以爲土德，皆行其說也。漢書嚴安傳安上書引鄒子曰：「政敎文質者，所以云救也。當時則用，過則舍之。有易則易之。」則五德終始之說，原以明政敎變易之宜，實猶儒家之通三統，其說必有可觀矣。史記謂鄒奭「頗采鄒衍之術；」又謂「衍之術，迂大而閎辯；奭也文具難施；」則鄒奭似更定有實行之方案者。豈本衍之理論爲之邪？漢志載鄒奭子十二篇。又有公檮生終始十四篇，注曰；「傳鄒奭終始。」豈卽傳其所定實行之方案者邪？雖不可知，然其說必非漢之方士經生，徒求之服飾械器之末者可比矣。而惜乎其無傳也。

史記項羽本紀，載范增說項梁，引楚南公之言曰：「楚雖三戶，亡秦必楚。」漢志陰陽家，有南公三十一篇。注曰：「六國時。」史記正義曰：「服虔云：三戶，漳水津也。孟康云：津峽名也。在鄴西三十里。南公辨陰陽，識廢興之數，知秦亡必於三戶，故出此言。後項羽果渡三戶津，破章邯軍，降章邯，秦遂亡。」說近附會。果如所言，雖字何解？

況上文曰：「夫秦滅六國，楚最無罪。自懷王入秦不反，楚人憐之至今」僅爲亡國怨憤之詞，絕未涉及預言之義邪？然漢志謂南公在六國時，而集解引徐廣，亦謂其善言陰陽，則必爲一人可知。豈范增引南公此言，雖無以爲預言之意，而楚人之重南公之言而傳之，則實以其爲陰陽家，有前識故邪？若然，則當時之陰陽家，不獨能如鄒衍之順以臧往，幷能逆以知來矣。或不免泥於小數之譏也？

漢志天文家，有圖書祕記十七篇。此未必卽後世之讖緯。後漢書張衡傳，載衡之言曰：「劉向父子，領校祕書，閱定九流，亦無讖錄，」則七略中不得有讖。然讖緯之作，有取於天文家者必多，則可斷言也。歷譜家有帝王諸侯世譜二十卷，古來帝王年譜五卷。使其書亦如史記世表年表之類，安得入之數術？當入之春秋家矣。疑亦必有如春秋緯所謂「自開闢至於獲麟，三百二十七萬六千歲，分爲十紀」等怪迂之說矣。此說如確，則其所用之術，頗與鄒衍相類。故知學術思想，無孑然獨立者，並時之人，必或與之相出入也。

洪範五行，漢人多以之言災異，殊不足取。然亦自爲當時一種哲學。若更讀白虎通義五行篇，則其網羅周徧，尤有可驚者。此籍於一切現象，幾無不以五行生剋釋之。其說亦間有可采。猶蓍龜本所以「決嫌疑，定數，器物之形容，以求其聲氣貴賤吉凶。猶律有長短，而各徵其聲；非有鬼神，數自然也。」然，成也。此今哲學所謂惟物論也。漢志又曰：「然形與氣相首尾，亦有有其形而無其氣，有其氣而無其形，此精微之獨異也。」則駁惟物之說者也。中國哲學，多偏於玄想，惟此派獨立物質爲本。使能發達，科學或且由是而生，惜其未能耳。

漢志數術略六家，其書無一存者。惟山海經，形法家著錄十三篇，今傳世者十八篇。因多信其書非全僞。然今之所傳，必非漢志之所著錄，不在篇數多少之間也。漢志「大舉九州之勢，以立城郭宮舍，」二語相連。「大舉九州之勢，」乃爲「以立城郭宮舍」言之。謂九州地勢不同，立城郭宮舍之法，各有所宜也。王制曰：「凡居民材，必因天地寒暖燥溼，廣谷大川異制，」蓋卽此理。管子度地篇所載，則其遺法之僅存者也。漢志著錄之書曰國朝，曰宮宅地形，皆「立城郭宮舍之法。」曰相人，曰相寶劍刀，曰相六畜，則所謂「形人及六畜骨法之度數，器物之形容」者。山海經一書，蓋必與「大舉九州之勢」有關；然仍必歸宿於「立城郭宮舍之法，」乃得著錄於形法家。若如今之山海經，則全是記山川及所祀之神，與形法何涉？漢書郊祀志，載漢時所祠山川極多。多由方士所興。方士雖怪迂，其所興祠，亦不能全行鑿孔；必其地舊有此說。今之山海經，蓋當時方士，記各地方之山川，及其所祀之神者。此以大部分言。其又一部分，則後人以當時所知之外國地理附益之。此說甚長，當別論。乃宗教家之書，非形法家言，并非地理書也。以漢志體例論，當援封禪羣祀之例，入之禮家耳，與形法何涉？

第十章　方技

方技一略，漢志分爲四家：曰醫經，曰經方，曰房中，曰神仙。醫經爲醫學，經方爲藥物學，房中亦醫學支派。三者皆實在學問；循序漸進，本可成爲正當科學；不徒本身有用，亦於他種學問有裨，惜乎未能如此，顧以陰陽五行等說塗附之耳。神仙一家，在當時似並無理論根據，及後世因緣際會，乃與儒釋並稱三教。此則奇之又奇者也。參看附錄三四。

先秦醫籍，傳於後世者，凡有四家：雖有後人羼雜，然大體以先秦舊書爲依據。（一）素問，（二）靈樞，皇甫謐以當漢志之黃帝內經。見甲乙經序。（三）難經，託諸扁鵲，疑爲漢志扁鵲內外經之遺。（四）神農本草經。漢志有神農黃帝食禁七卷。周官醫師疏引作食藥。孫星衍謂漢志之禁字實譌，蓋卽今神農本經之類也。說皆不知信否。然曲禮：「醫不三並方技家質樸之辭。惟素問一書，多言五行運氣，爲後世醫家理論所本。中國醫學，可分三期：自上古至漢末爲一期。其名醫：漢志謂「太古有岐伯俞跗，中世有扁鵲秦和。」列傳於史者，前有倉公，後有華佗。而方論爲後人所宗者，又有張機。此期醫學，皆有專門傳授，猶兩漢經學，各有師承也。魏晉而後，專門授受之統緒，漸次中絕。後起者乃務蒐輯古人之遺說，博求當世之方術。其書之傳於後者，有皇甫謐之甲乙經，巢元方之諸病源候總論，孫思邈之千金方，羅燾之外臺祕要方。至宋之惠民和劑局方而結其局。此一時期也，務綴拾古人之遺逸，實與南北朝隋唐義疏之學相當也。北宋時，士大夫之言醫者，始好研究素問，漸開理論醫學之端。至金元之世，名醫輩出，而其業始底於成。直至今日，醫家之風氣，猶未大變。此一時期，蓋略與宋明之理學相當。清儒考據之學，於醫家雖有萌蘖，未能形成也。各種學問之發達，皆術先而學後，即先應用而後及於原理，惟醫亦然。北宋以前，醫經經方兩家，皆偏於治療之術，罕及病之原理。雖或高談病理，乃取當時社會流行之說，如陰陽五行等，以緣飾其學，非其學術中，自能生出此等理論也。宋人好求原理，實爲斯學進化之機。惜無科學以爲憑藉，仍以陰陽五行等，爲推論之據。遂至非徒不能進步，反益入於虛玄矣。此則古代醫學，本與陰陽五行等說相附麗之流毒也。中國術數之學，其精處，亦含有數理哲學之意，然終不脫迷信之科臼，弊亦坐此。

神仙之說，起於燕齊之間。似因海市蜃樓而起。故其徒之求神仙者，必於海中也。神仙家之特色，在謂人可不死。古無謂人可不死者。禮記檀弓曰：「骨肉歸復於土，命也。若魂氣，則無不之也。」禮運曰：「體魄則降，知氣在上。」祭義曰：「衆生必死，死必歸土。骨肉斃於下，陰爲野土。其氣發揚於上爲昭明，焄蒿悽愴。」蓋吾國古代，以爲天地萬物，皆同一原質所成；而此等原質，又分爲輕清重濁二類。輕清者上爲天，重濁者下爲地。人之精神，即檀弓所謂「魂氣，」禮運所謂「和氣，」祭義所謂「昭明之氣，」乃與天同類之物，故死而上升。人之體軀，即檀弓及祭義所謂「骨肉，」禮運所謂「體魄，」則與地同類之物，故死而下降。構成人身之物質，原與構成天地之物質同科，故曰：「民受天地之中以生；」左成十三。又曰：「萬物負陰而抱陽，沖氣以爲和」也。老子。然則鬼神者，亦曾經構成人身之物質，今與其體魄分離者而已矣。此爲較進步之思想。其未進步時之思想，則所謂神所謂鬼者，皆有喜怒歡惡如人，墨子之所明者是也。偏於物質者，爲形法家之說，可謂之無鬼論。此三說者，其有鬼無鬼不同；同一有鬼也，其所謂鬼者又不同；要未有謂人可不死者。求不死者俗情；謂人可不死者，天下之至愚也；曾是言道術者而有是乎？古人雖愚，亦豈可誣。故知必緣海上蜃氣，現於目前；城郭人物，一一可睹；目擊其狀，而不解其理，乃有以堅其信也。神仙家之說，其起源蓋亦甚早。漢書郊祀志，謂齊威，宣，燕昭王，皆嘗使人入海求三神山。然其說實不起於戰國。左氏載齊景公問晏子：「古而無死，其樂何如？」古無爲不死之說者，景公所稱，必神仙家言也。神仙家皆言黃帝。黃帝東至於海，登丸山，漢志作凡山，在琅邪朱虛縣。而邑於涿鹿之阿，實燕齊之地。得毋方士術雖怪迂，而其託諸黃帝，固不盡誣邪？然其無理論以爲根據，則無俟再計矣。神仙家求不死之術，大抵有四：一曰求神仙。二曰導引。三曰服餌。四曰御女。求神仙不足道。導引，服頗有關矣。漢志列之方技，誠得其實也。

附錄三

此與下附錄四，皆予讀漢書禮記。因辭太繁，故僅節錄。

天下事無可全欺人者。人之必死，衆目所共見也。以不死誑人，其術拙矣。然時人信之甚篤，蓋亦有由。淫祀之廢也，成帝以問劉向。向言：「陳寶祠自秦文公至今，七百餘歲矣。漢興，世世常來，光色赤黄，長四五丈。直祠而息。音聲砰隱，野雞皆雊。每見雍，大祝祠以大牢，遣候者馳詣行在所，以爲福祥。高祖時五來。文帝二十六來。武帝七十五來。宣帝二十五來。初元元年以來，亦二十來。」此衆目昭見之事，非可虚誑。蓋自然之象，爲淺知者所不能解，乃附會爲神怪。其說誣，其象則不虚也。神仙之說，蓋因海上蜃氣而起，故有登遐倒景諸說；而其所謂三神山者，必在海中；而方士亦必起於燕齊耳。

史記封禪書曰：「三神山者，其傳在勃海中。去人不遠。患且至，則船風引而去。蓋嘗有至者？諸仙人及不死之藥皆在焉。其物禽獸盡白，而黄金銀爲宮闕。未至，望之如雲。及到，三神山反居水下。臨之，風輒引去，終莫能至云。」漢書郊祀志：谷永述當時言神仙者之說，謂能「遙。同遙與遐舉。覽觀縣圃，浮游蓬萊。」司馬相如大人賦曰：「世有大人兮，在於中州。宅彌萬里兮，曾不足以少留。悲世俗之迫隘兮，朅輕舉而遠游。垂絳幡之素蜺兮，載雲氣而上浮。」皆可見神仙之說初與由歷氣附會之迹。

神仙家之說，不外四端：一曰求神仙，二曰練奇藥，三曰導引，四曰御女。練藥，導引，御女，皆與醫藥相關。漢志神仙家與醫經，經方，房中同列方技，蓋由於此。然奇藥不必自練，亦可求之於神仙。史記封禪書：三神山嘗有至者，諸仙人及不死之藥皆在焉；又謂始皇「南至湘山，遂登會稽，並海上，冀遇海中三神山之奇藥」是也。淮南王傳：伍被言：「秦使徐福入海，還，爲僞辭曰：臣見海中大神，言曰：女西王之使邪？臣答曰：然。汝何求？曰：願請延年益壽藥。神曰：汝秦王之禮薄，得觀而不得取。」尤顯而可見。此與自行練藥者，蓋各爲一派。

服食與練藥，又有不同。練藥必有待於練，服食則自然之物也。後漢書注引漢武內傳，謂封君達初服黃連五十餘年，卻儉多食茯苓，魏武能餌野葛是也。華佗傳云：「樊阿從佗求方可服食益於人者。佗授以利形，進退步趨以實下，吸新吐故以練臧，專意積精以通神，於以養生，豈不長哉？」王褒聖主得賢臣頌曰：「何必偃仰屈信若彭祖，呴噓呼吸如喬松？」崔寔政論曰：「夫熊經鳥伸，雖延曆之術，非傷寒之理；呼吸吐納，雖度紀之道，非續骨之膏。」仲長統卜居論曰：「呼吸精和，求至人之方佛。」皆導引之術也。華佗傳：「佗語吳普曰：古之仙者，爲導引之事，熊經鴟顧，引挽腰體，動諸關節，以求難老。吾有一術，名五禽之戲：一曰虎，二曰鹿，三曰熊，四曰猨，五曰鳥。亦以除疾，兼利蹏足，以當導引。」則導引又醫家及神仙家之所共也。

後書言普行五禽之法，年九十餘，耳目聰明，齒牙完堅，此行規則運動之效，首見於史者。注引佗別傳曰：「普從佗學，微得其方。魏明帝呼之，使爲禽戲。普以年老，手足不能相及。粗以其法語諸醫。普今年將九十，耳不聾，目不冥，牙齒完堅，飲食無損。」云手足不能相及，蓋其戲卽今所傳八段錦中所謂「兩手攀足固腎要」者。後書注曰：「熊經，若熊之攀枝自懸也。鴟顧，身不動而回顧也。」云若攀枝自懸，則未必眞有物可攀，亦不必其眞自懸。竊疑八段錦中所謂「兩手托天理三焦，」卽古所謂熊經者。身不動而回顧，其爲八段錦中之「五勞七傷望後瞧，」無疑義矣。後書又云：「冷壽光行容成公御婦人法，常屈頸鷸息，鬚髮盡白，而色理如三四十時。王眞年且百歲，視之面有光澤，似未五十者。自云：周流登五岳名山；悉能行胎息胎食之方。漱舌下泉咽之。不絕房室。注引漢武內傳：「眞習閉氣而呑之，名曰胎息。習漱舌下泉而咽之，名曰胎食。眞行之，斷穀二百餘日，肉色光美，力並數人。」又引抱朴子曰：胎息者，能不以鼻口噓翕，如在胎之中。孟節能含棗核不食可至五年十年。又能結氣不息，狀若死人，可至百日半年。」胎食胎息，即今所謂呑津及河車般運之術。靜之至，自可不食較久。二百餘日或有之。云五年十年，則欺人之談也。不息若死，亦其息至微耳。魏文帝典論曰：「甘陵甘始，名善行氣。老而少容。始來，衆人無不鴟視狼顧，呼吸吐納。軍祭酒弘農董芬，爲之過差，氣閉不通，良久乃蘇。」蓋導引宜順自然；又必行之有序；而與日常起居動作，亦無不有關係。山林枯槁之士，與夫專以此爲事者，其所行，固非尋常之人所能效耳。

房中，神仙，漢志各爲一家，其後御女，亦爲神仙中之一派。蓋房中本醫家支流，神仙亦與醫家關係甚密耳。後書方術傳言：甘始，東郭延年，封君達三人，率能行容成御婦人術。又冷壽光，亦行容成御婦人法。魏文帝典論謂：「盧江左慈，知補導之術。慈到，衆人競受其術。至寺人嚴峻，往從問受。奄豎眞無事於斯，人之逐聲，乃至於是。」此並漢志所謂房中之傳。史記張丞相列傳言：「妻妾以百數，常孕者不復幸，」蓋亦其道家之說，與方士本不相干。然張脩于吉等，不惟竊其言，抑且竊其書以立教，一若奉爲先聖先師，而自視爲其支流餘裔者。案張脩使人爲姦令祭酒，主以老子五千文使都習，見三國志。張魯傳注引典略。于吉有太平清領經，見後漢書襄楷傳。注引太平經帝王篇，有「元氣有三名：太陽，太陰，中和；」「人有三名：父，母，子」之語。蓋竊老子「一生二，二生三，三生萬物；」「負陰而抱陽，沖氣以爲和」之說者也。何哉？予謂方士之取老子，非取其言，而取其人；其所以取其人，則因道家之學，以黃老並稱；神仙家亦奉黃帝。黃老連稱，既爲世所習熟，則因黃帝而附會老子，於事爲甚便耳。

後漢書襄楷傳：楷上書言：聞宮中立黃老浮屠之祠。桓帝紀延熹九年，七月，庚午，祠黃老於濯龍宮，蓋卽楷所斥。先是八年，正月，遣中常侍左悺之苦縣祠老子。十一月，使中常侍管霸之苦縣祠老子，所以但祠老子者，以之苦縣之故，一歲中遣祠老子至再。則祠黃老之事，史不及書者多矣。續書祭祀志：桓帝卽位十八年，好神仙事。延熹八年，初使中常侍之陳國苦縣祠老子。九年，親祠老子於濯龍。文罽爲壇飾，淳金釦器。

華蓋之坐，用郊天樂也。」此與後書帝紀所言同事。而九年之祠，紀言黃老，志但言老子。紀又曰：前史稱桓帝好音樂，善鼓琴。飾芳林而考濯龍之宮，設華蓋以祠老子，斯將所謂聽於神乎？」注：「前史，謂東觀記也。」以考濯龍與祠老子對言，則濯龍之祠，所重蓋在黃帝。黃帝無書，而老子有五千文在。治符咒治病者且取之，而後此之以哲理緣飾其教者，不必論矣。典略言：張脩之法，略與張角同；而後漢書皇甫嵩傳言張角奉祀黃老道，此張脩之使人都習老子，爲由黃帝而及之鐵證也。楷之疏曰：「聞宮中立黃老浮屠之祠。此道淸虛，貴尙無爲；好生惡殺，省欲去奢。今陛下嗜欲不去，殺罰過理。旣乖其道，豈獲其祚哉？或言老子入夷狄爲浮屠。浮屠不三宿桑下，不欲久生恩愛，精之至也。天神遺以好女，浮屠曰：此但革囊盛血。遂不眄之。其守一如此，乃能成道。今陛下淫女豔婦，極天下之麗；甘肥飮美，單天下之味；奈何欲如黃老乎？」此所謂老子之道，全與道家不合，蓋方士所附會也。楚王英傳：「晚節更喜黃老學，爲浮屠齋戒祭祀。永平八年，詔令天下死罪，皆入縑贖。英遣郎中令奉黃縑白紈三十匹詣國相。國相以聞。詔報曰：楚王誦黃老之微言，尙浮屠之仁慈，潔齋三月，與神爲誓。何嫌何疑，當有悔吝？其還贖，以助伊蒲塞，桑門之盛饌。」此所謂黃老學者，亦又不獨淫昏之君主藩輔然也，枯槁之士亦有之。後漢書逸民傳：矯愼少學黃老，隱遯山谷，因穴爲室，仰慕松喬導引之術。汝南吳蒼遺書曰：「蓋聞黃老之言，乘虛入冥，藏身遠遁；亦有理國養人，施於爲政。至如登山絕跡，神不著其證，人不覩其驗。吾欲先生從其可者，於意何如？」此風以治道家之黃老，絕神仙家所託之黃老也。仲長統卜居論曰：「安神閨房，思老氏之玄虛，呼吸精和，求至人之仿佛。」亦以道家與神仙家之言並稱。

又陳愍王寵傳：「熹平二年，國相師遷，追奏前相魏愔與寵共祭天神，希冀非幸，罪至不道。檻車傳送愔遷詣北寺詔獄。使中常侍王酺與尚書令侍御史雜考。愔辭與王共祭黃老君，求長生福而已，無它冀幸。」劉攽刊誤曰：「黃老君不成文，當云黃帝老君。」刊誤補遺曰：「眞誥云：大洞之道，至精至妙，是守素眞人之經。昔中央黃老君祕此經，世不知也。則道家又自有黃老君。」案言中央黃老君，似指天神中之黃帝，則正實師遷所奏。而當時遷以誣告其王誅死，足見後書所云，非眞誥所載，貢父之說，爲不誤也。或後書衍君字。

第十一章　小說家

小說家之書，今亦盡亡。據漢志存目觀之，則有伊尹說，鬻子說，師曠，務成子，天乙，黃帝說，蓋立說託諸古人者。有周考，注曰：「考周事也。」又有青史子，注曰：「古史官記事也。」蓋雜記古事者。漢志於伊尹說下曰：「其語淺薄，似依託也。」鬻子說下曰：「後世所加。」師曠下曰：「其言淺薄，似因託也。」務成子下曰：「稱堯問，非古語。」天乙下曰：「其言非殷時，皆依託也。」黃帝說下曰：「迂誕依託。」則其說蓋無足觀。故不得與九流並列也。然武帝時，虞初所撰之周說，至九百四十三篇。應劭曰：「其說以周書爲本」蓋周考之類。又有百家，百三十九卷，不知爲誰所撰。史記五帝本紀，謂「百家言黃帝，其文不雅馴。」似卽此百家。則亦雜記古事者。觀二書篇卷之富，則小說家之多識往事，實可驚矣。

漢志曰：「小說家者流，蓋出於稗官，街談巷語，道聽塗說者之所造也。孔子曰：雖小道，必有可觀者焉；致遠恐泥，是以君子弗爲也。然亦弗滅也。閭里小知者之所及，亦使綴而不忘。如或一言可采，此亦芻蕘狂夫之議也。」曰「街談巷語，」曰「道聽塗說，」曰「君子弗爲。」曰「閭里小知所及，」曰「芻蕘狂夫之議，」則此一家之說，雖出自稗官，實爲人民所造；稗官特蒐集之，如采詩者之采取民間歌謠而已。古代學術，爲貴有君子之慮所弗及者；且必深可考見古代平民之思想而惜乎其盡亡也。御覽八百六十八引風俗通：謂宋城門失火，取汲池中以沃之，魚悉露見，但就取之，其說出於百家。案此說古書用之者甚多。風俗通之言而確，則古書中此類之說，尚必有取自小說家者。小說家之書雖亡，而未可謂之盡亡也。惜無所據以輯之耳。

第十二章　雜家

雜家者有流，漢志曰：「蓋出於議官。兼儒墨合名法；知國體之有此，見王治之不貫，此其所長也。」體者，四支百體之體，諸子之學，除道家爲君人南面之術，不名一長外，餘皆各有所長；猶人身百骸，闕一不可；故曰知國體之有此。雜家兼容而并苞之，可謂能攬治法之全。所以異於道家者？驪策衆家，亦自成爲一種學術，道家專明此義，雜家則合衆說以爲說耳。雖集合衆說，亦可稱爲一家者？專門家雖有所長，亦有所蔽。如今言政治者或偏見政治之要，言軍事者或偏見軍事之要，不惜閣置他事以徇之。然國事當合全局而統籌，實不宜如此。惟雜家雖專精少遜，而閎覽無方，故能免此弊而足當議官之任。此後世所謂通學者是先驅也。參看第一編第五章。

雜家之書，存於今者，爲尸子及呂氏春秋。尸子僅有後人輯本，以汪繼培本為最善。闕佚已甚。就其存者。大抵爲儒道名法四家之言。呂氏春秋，則首尾大略完具，編次亦極整齊。不徒包蘊弘富，并可藉其編次，以考見古代學術之條理統系，誠藝林之瑰寶也。

史記呂不韋傳，謂不韋「使其客人人著所聞，集論以爲八覽，六論，十二紀，二十餘萬言。以爲備天地萬物古今之事。號曰呂氏春秋。布咸陽市門。縣千金其上；延諸侯游士賓客，有能增損一字者，予千金。」其述作之時，規模之閎大，去取之謹慎，可以想見。高誘注此書，多摘其中事實誤處，謂揚子雲恨不及其時，車載金而歸。見慎人適威二篇注。不知古人著書，重在明義；稱引事實，視同寓言；人物差違，非所深計。增損及於一字，庸或傳者已甚之辭，亦非古人著書之體。然當時之集思廣益，不憚博采周諮，則概可見矣。此其所以能成此包蘊弘富，條理明備之作歟？若高誘之言，則適成其爲高誘之見而已。舊作讀呂氏春秋一篇，可見此書編纂之條理。今錄於後，以見當時「集論」之法焉。

篇稱，一也。古書自序，率居全書之末，今此書序意，實在十二紀後，二也。有始覽從天地開闢說起，宜冠全書之首，三也。畢氏沅，泥禮運注疏，謂以十二紀居首，爲春秋所由名。說本王應麟，見玉海。梁氏玉繩，初本謂覽當居首，後乃變其說，自同於畢氏，非也。禮運鄭注，並無以春秋名書由首十二紀之意。古人著書，以春秋名者多矣，豈皆有十二紀以冠其首邪？

此書二十六篇，漢志以下皆同。庾仲容子鈔陳振孫書錄解題作三十六，三蓋誤字。文獻通考作二十，則又奪六字也。今本諸覽論紀之下，又各有其所屬之篇。都數凡百六十。與玉海引王應麟之說相符。盧氏文弨曰：「序意舊不入數，則尚少一篇。此書分篇極爲整齊，十二紀紀各五篇，六論論各六篇，八覽當各八篇。今第一覽止七篇，正少一。序意本明十二紀之義，乃末忽載豫讓一事，與序意不類。且舊校云一作廉孝，與此篇更無涉。即豫讓亦難專有其名。竊疑序意之後半篇俄空焉，別有所謂廉孝者，其前半篇亦脫，後人遂強相符合，并序意爲一篇，以補總數之闕。序意篇首無六曰二字，於目中專輒加之，以求合其數。」案盧說是也。古書之存於今者，大率掇拾於叢殘煨燼之餘，編次錯亂，略無法紀。此書獨不然。即就此一端論，已爲藝林之瑰寶矣。

八覽六論十二紀之分，必此書固所有。其下各篇細目，不知其爲固有，抑爲後人所爲？然要得古人分章之意。四庫提要謂惟夏令多言樂，秋令多言兵，似乎有意，其餘絕不可曉，繆矣。今試略論之。八覽爲全書之首，有始覽又居八覽之首，故從天地開闢說起。其下應同，言禎祥感應之理，因天以及人也。去尤，聽言，謹聽三篇，論人君馭下之道，務本言人臣事君之理。諭大言大小交相恃，猶言君臣交相資。此篇蓋總論君若臣治國之道，而本之於天者也。孝行覽言天下國家之本在身，身之本在孝。其下各篇，多論功名所由成。蓋從創業時說起，故追念及於始祖也。慎大覽言居安思危之義。所屬各篇，言人君用賢，人臣事君及治國之道，皆守成之義。先識覽專從識微觀變立論。審分覽明君臣之分職。審應覽言人君聽說之道。離俗覽言用人之方。恃君覽言人之樂羣，由於羣之能利人；羣之能利人，由君道之立。因論人君不當以位爲利；及能利民者當立，不利民者當替之道；幷博論國家之所謂禍福。凡八覽，蓋本之於天，論國家社會成立之由，及其治之之術者也。六論：開春論言用人之術。慎行論明利害之辨。貴直論言人君當求直臣。不苟論言當去不肖。似順論言百官之職，無可不慎；因及謹小慎微之義。士容論首二篇言人臣之道，下四篇言氓庶之事。六論蓋博言君臣氓庶之所當之道春爲生長之始故本之於身也仲春季春二紀論知人任人之術，因身以及人也孟夏紀言尊師取友教學之法。夏主長大，人之爲學，亦所以廣大其身也。禮記文王世子：「況于其身以善其君乎？」鄭注「于讀爲迂。迂猶廣也，大也。」仲夏季夏皆論樂。樂盈而進，率神而從天，故於盛陽之時論之也。孟秋仲秋二紀皆言兵，顯而易見。季秋所闕，順民，知士二篇，乃用兵之本；審己者，愼戰之道；精通者，不戰屈人之意也。孟冬紀皆論喪葬。葬者藏，冬閟藏物也。仲冬季冬二紀，論求知及知人。人能所畜藏則知，所謂「多識前言往行，以畜其德」抑知莫大於知人也。覽始於天地開闢，而紀終之以一國之政，先理而後事也。序意一篇，當兼該全書，而但及十二紀者，以有缺脫也。始乎理，終乎事；同條共貫，綱舉目張。古書之編次，信無如此書之整齊者已。

中華民國二十二年十月印刷
中華民國二十二年十月出版

先秦學術概論（全一冊）

定價大洋八角
（外埠酌加運費匯費）

著者 呂思勉

發行者 世界書局有限公司代表人 沈知方

出版印刷者 上海大連灣路 世界書局

發行所 上海及各省 世界書局